读懂诗人才懂诗

诗词是形,曼妙华章,描形画骨
诗人是魂,画龙点睛,流传千古

浦宇平 著

山东科学技术出版社
·济南·

谨以此书献给我的父亲和母亲

献给我的语文老师——葛慎之先生。

代序

厨房和书桌

  多年以后,面对我业已长大的女儿,把这本书递到她手里的时候,我会想起坐在录音棚里浑身冒汗却两眼放光手舞足蹈的那个下午。一如在这个万籁俱寂的深夜,敲打下这篇文字时,我眼前浮现的,是厨房里父亲的身形和书桌边母亲的侧影。

  我出生在二十世纪八十年代。三十年后的今天,我们回首往昔,发现时代留下的尽是风起云涌方兴未艾的改革印记。但宏大的历史叙事和微茫的个人记忆之间总是留有巨大的空隙。在我出生的地方,那个上海的工业集中地、城乡交界处,生活似乎并没有翻天覆地,日历一页页撕去,太阳照常升起。

  和每个家庭一样,从来到这个世界的那一刻起,我就被寄予了无数美好的期许。也和每个孩子一样,我厌烦一成不变的学习,对枯燥的学习方式充满敌意。如今——在教了十年书后——我日渐明白,人之所以要接受教育,正是因为人不能永远顺应自己的天性。而这个道理,不是一个十几岁的少年能够明白的。

  父母能做什么呢?在女儿出生的这一年里,和每一个满怀期待又焦虑不安的父母一样,我每每感到惶恐而无力。但幸运的是,回溯过去,我平凡得不能再平凡的父亲和母亲,给了我面对未来的勇气。

  十二年寒窗,父母比我更不容易。每当黄昏的炊烟升起,我带着欣喜或疲惫敲开家门,迎候着我的,一定是一餐热气腾腾的晚饭。

　　世上最深沉饱满的爱，不是搂着你抱着你说我永远爱你，而是不论斗转星移，那些让人安心妥帖的细枝末节，永远都在那里。

　　大学毕业实习期间，有一次没跟父母约定，深夜突然回家。我习惯了桌上总有自己熟悉的滋味，可那天的餐桌上，只有一碗寡淡的冬瓜汤，原来那才是他们日常的晚餐。那个晚上我才恍然如梦初醒：做一餐饭，不是那么容易。十二年，四千三百八十个黄昏的餐桌背后，是父亲的不厌其烦，始终如一。

　　十二年，从启蒙到毕业。他们放弃了觥筹交错的应酬，放弃了灯红酒绿的玩乐，在每个华灯初上的黄昏到星光点缀的静夜，守着厨房里的烟火和书桌上的台灯，陪着他们的儿子，读书写字，背书做题。

　　那时的夜，大约比现在更宁静。没有客厅的两居室隔不了音，七点以后，电视就没了声音，我坐在书桌前温习，母亲就捧起织针绒线，坐在我身后的小凳子上，借着灯光为一家人编织手套、毛衣，悄无声息。

　　世上最深沉饱满的爱，不是围着你护着你说我永远爱你，而是不论斗转星移，那些让人安心妥帖的支持陪伴，永远都在那里。

　　很久以后，看到母亲戴着老花眼镜为我即将出生的女儿织一件绒线背心的时候，我才恍然如梦初醒：这一针一线，是多么不容易。十二年，四千三百八十个深夜的灯光背后，是母亲的心静如水，始终如一。

代序

十二年，从毕业到今天。我看过风云际会，渡过涛险浪危，错过功名富贵。道阻且长漫漫修远，我如此想念那时的少年时光，想念黄昏里炊烟升起的厨房、静夜下灯光笼罩的书桌，想念灶边父亲的身形和灯下母亲的侧影。逝者如斯，白驹过隙。时间是贼，偷去光阴。岁月如歌，咏叹流年。

父母能做什么呢？在这个世界上，为人父母，真能给孩子财富和地位，为孩子创造机遇和未来，帮孩子赢在起点高人一等吗？我不知道。但在这本书出版的前两个十二年里，是安稳踏实的寻常日子给了我启航的勇气和前行的力量。那些热闹繁华掌声富贵没有给我的，我在厨房的烟火味中和书桌的灯光下，找到了。

何止是我。手机网络喧嚣世界给不了你我的，在千年积淀的历史和文学里，也能找到。前路漫漫，任重道远，富贵功名如浮云遮望眼，安妥不了存放不下一颗温柔纯净的心。假以时日，真能相看两不厌的，兴许还是李杜诗篇摩诘字画吧。

谨以此书献给我的父亲母亲，也献给天下所有的父亲母亲。

愿厨房烟火永在，书桌灯光不熄。

愿你我回首千年，在诗词歌赋里，找到岁月静好。

相遇

人生，不过几次重要的选择，几次重要的相遇。

就好像平哥初中时遇到了葛慎之老师，遇到了那次上海地区的唐诗吟咏大赛。两个月的准备时间里，他一口气背下近300首唐诗，同时对诗歌的背景、诗人的生平了然于胸，从此写作行云流水，如有神助，成了一名后天"学霸"。后来平哥高考总成绩排名上海市前20，语文138分，作文一类卷乙等并收录进当年的高考作文选……初中时与诗词的相遇也许早就为此埋下了种子。

就好像平哥2010年放弃了在互联网巨头前景光明的工作，听从内心的召唤转而投身教育事业中。他亲历传统教育，爱其扎实，恨其死板，希望将自己学习路上的经验教训讲给现在的孩子们听，让他们爱上学习和生活，保持内心的丰盈。近年来屡次放弃千万级别的投资，只为能保持初心，传递知识与信念。

就好像大家遇到了平哥的节目，因为平哥的节目打开了教育的新思路，激起了对大语文学习的兴趣，找到了学习的方向和方法，因为平哥的节目聚到了一起。

就好像你遇到了这本《读懂诗人才懂诗》。也许你是因平哥的节目追随而来，也许你只是在书店随手翻到。无论是哪一种相遇，希望都是你人生中一次重要的相遇。

平哥从自己的经历中体悟到，学习诗词，背诵固然重要，但光死记硬背下来是远远不够的。未经消化的东西，还是别人的。真正读懂一首诗，必须懂得两样东西，意境和心境，否则字面意思理解得再好，每个字都懂，也不能算读懂。

　　读诗，要想象画面，意境正是诗词区别于文章的重要一点。文章长于说理，逻辑严密，诗词讲究的则是意境：眼前呈现出怎样的画面，配合了怎样的心情。读诗，也应当知道是谁在什么样的情况下写的。而当孩子们清楚了解一首诗的背景，了解诗人创作诗歌的处境时，他们往往就会产生浓厚的学习兴趣。

　　《读懂诗人才懂诗》是平哥在喜马拉雅FM上收听量超过百万的原创专辑之一，用孩子们最容易接受的方式讲述诗人和诗歌的故事，深受孩子和家长们的喜爱。应广大听众的要求，此次将音频节目内容重新编辑整理成书，经过反复的修改调整，终于能与大家见面了。

　　希望这本书之于您，就像当年的唐诗吟咏大赛之于平哥，一次美好的相遇，为未来之路投射一缕阳光。

俞炜潇

贺知章 24

- 回乡偶书 26
- 贺知章爬墙的故事 27
- 咏柳 29
- 各有特色的"吴中四士" 30

张九龄 32

- 望月怀远 34
- 感遇（其一） 35
- 棋里有乾坤 36

孟浩然 38

- 春晓 40
- 皇上来了钻床底 41
- 过故人庄 43
- 夜归鹿门山歌 44
- 宿建德江 45
- 望洞庭湖赠张丞相 46
- 自由自在，不惜爽约 47

李白 70

- 李白的出生地 73
- 峨眉山月歌 75
- 望天门山 76
- 黄鹤楼送孟浩然之广陵 77
- 赠汪伦 78
- 十里桃花万家酒店 79
- 行路难 81
- 清平调 83
- 绝世之恋 84
- 将进酒 86
- 力士脱靴 88
- 宣州谢朓楼饯别校书叔云 90
- 独坐敬亭山 92
- 宣城与徽文化 93
- 登金陵凤凰台 95
- 早发白帝城 96
- 诗仙之死 97

目录

骆宾王 1

- 在狱咏蝉 3
- 「鳏寡孤独」四大不幸 4
- 于易水送人 5
- 风萧萧兮易水寒 6
- 在军登城楼 8
- 慷慨激昂的「四大檄文」 9

王勃 11

- 送杜少府之任蜀州 13
- 才华横溢的「初唐四杰」 14
- 才华是把双刃剑 16
- 滕王阁 18
- 《滕王阁序》名句 19
- 机会总是留给有准备的人 20

陈子昂 22

- 登幽州台歌 23

王维 49

- 九月九日忆山东兄弟 52
- 王维的「名」和「字」 53
- 真有能耐才能把握机遇 54
- 洛阳女儿行 56
- 跳舞起风波 58
- 山居秋暝 60
- 诗中有画，画中有诗 61
- 使至塞上 62
- 送元二使安西 63
- 两次做俘虏 64
- 鹿柴 66
- 竹里馆 67
- 终南别业 68
- 辋川别业二十景 69

白居易 138

- 赋得古原草送别 … 140
- 白居易和元稹的友情 … 141
- 钱塘湖春行 … 143
- 大林寺桃花 … 144
- 问刘十九 … 145

刘禹锡 146

- 竹枝词·其一 … 148
- 秋词二首·其一 … 149
- 酬乐天扬州初逢席上见赠 … 150

绝句二首 … 126
茅屋为秋风所破歌 … 127
闻官军收河南河北 … 129
旅夜书怀 … 131
登高 … 132
格律诗漫谈 … 133
江南逢李龟年 … 135
所有经历都是财富 … 136

杜牧 169

- 泊秦淮 … 171
- 赤壁 … 172

边塞诗 173

- 出塞 … 176
- 从军行 … 177
- 闻王昌龄左迁龙标遥有此寄 … 178
- 『七绝圣手』意外离世 … 179
- 别董大 … 180
- 送李少府贬峡中王少府贬长沙 … 181
- 逢入京使 … 182
- 白雪歌送武判官归京 … 183
- 凉州词 … 185
- 塞下曲六首（其二）… 186
- 碛中作 … 187
- 凉州词 … 188
- 旗亭画壁 … 189
- 夜上受降城闻笛 … 191
- 古从军行 … 192
- 子夜吴歌·秋歌 … 194
- 关山月 … 195

目录

崔颢 …… 99
　黄鹤楼 …… 100
　写不过你，不写了 …… 101

杜甫 …… 103
　百忧集行 …… 106
　望岳 …… 107
　诗人的朋友圈 …… 108
　兵车行 …… 110
　春望 …… 112
　月夜 …… 113
　月夜忆舍弟 …… 114
　你拍马屁我倒霉 …… 115
　新安吏 …… 117
　新婚别 …… 119
　江村 …… 121
　蜀相 …… 122
　赠花卿 …… 123
　春夜喜雨 …… 124
　江畔独步寻花 …… 125

韩愈 …… 151
　晚春 …… 154
　早春呈水部张十八员外二首·其一 …… 155

郊寒岛瘦 …… 156
　游子吟 …… 158
　题李凝幽居 …… 159
　关于"推敲"的小故事 …… 160

李贺 …… 161
　雁门太守行 …… 162
　南园十三首·其五 …… 163

李商隐 …… 164
　锦瑟 …… 166
　无题 …… 167
　无题·相见时难别亦难 …… 167
　无题·昨夜星辰昨夜风 …… 168

诗词之美,美在声律、美在辞藻、美在意境。
更是美在每一首诗背后的时代和一个个鲜活的历史名人。

了解了诗人的生平、性格和风采,
再来读诗,会是一种升华。
不仅欣赏了诗词的形,更是握住了诗词的魂。

骆宾王

骆宾王，字观光，浙江义乌人，出身寒门。"初唐四杰"之一，擅七言歌行，开初唐风尚。起兵反武曌（武则天），后下落不明。

"白毛浮绿水，红掌拨清波[1]。"这样生动有趣、色彩明丽的句子，正是出自七岁的骆宾王之口，少年诗人的天赋异禀显露无遗。

同为"初唐四杰"，同样少年成名，和张扬任性的王勃不同，骆宾王谦逊稳重。让他彪炳史册的除了撼动人心的诗句之外，更有坚贞高洁的品质。诗人投身政治，个中滋味难言，而悲剧的命运似乎不可逆转。

才华横溢的骆宾王，以一腔报国热忱，选择身赴边塞。虽书生意气，但满腔热血，哪怕为国捐躯，也在所不辞。正如他自己所写的："不求生入塞，唯当死报君[2]。"当然，这样的选择背后亦有三分无奈：名利场上的自我标榜、曲意逢迎本是习以为常的，可诗人看不惯更不屑与之为伍，于是虽然身在官场却多少显得格格不入，远赴边疆也算是一种"逃离"。

幸而几年后从边疆平安归来，升任"侍御史"。鸿鹄展翅，本以为终可大展宏图，却不想造物弄人。骆宾王的官宦生涯，正是女皇武则天主政时期，宫廷剧变政治动荡，一女子成九五之尊，骆宾王是看不下去的，于是旗帜鲜明地反对武则天。后面的戏码不难揣测，和所有要跟女皇对着干的人一样，不仅官场的路走到了尽头，连人生的路大概也很艰难了。之后的骆宾王两次入狱，一片忠心无处可表，只能感慨："露重飞难进，风多响易沉[3]。"

人生的关隘处，往往就是几个"岔路口"的抉择。路怎么走，是每个人自己选的，选好了，就得走下去，回不了头。选择站到武则天对立面的骆宾王，在风云激荡的政坛剧变中，也许是决然也许是绝望地写下了《为徐敬业讨武曌檄》，支持并参与徐敬业讨伐武则天的征战，"戎衣何日定，歌舞入长安[4]"，期盼推翻武周（武则天定国号为"周"，故称武周）的同时，也隐隐透出骆宾王对和平安稳的期待。可惜的是，这一天终究没有到来，不久徐敬业兵败，倒也应了"戎衣今日定，歌舞入长安"，只是胜利的天平倒向了武则天。欢庆的歌舞里，是朝廷内外的敢怒不敢言。敢怒敢言的骆宾王，从此之后，下落不明。

"无人信高洁，谁为表予心？[5]"诗人在世时无人聆听的呐喊，烘托起拳拳赤诚之心，穿越千年的雨露风霜，言犹在耳，历历在目，激荡于心。

1. 骆宾王《咏鹅》
2. 骆宾王《从军行》
3. 骆宾王《在狱咏蝉》
4. 骆宾王《在军登城楼》
5. 骆宾王《在狱咏蝉》

在狱咏蝉

【唐】骆宾王

西陆蝉声唱,南冠客思深。

不堪玄鬓影,来对白头吟。

露重飞难进,风多响易沉。

无人信高洁,谁为表予心。

【诗歌背景】

因冒犯了武则天,骆宾王被栽赃入狱,这首诗即写于狱中。诗人歌咏蝉的高洁品行,实际是以蝉自比,感慨环境艰险,一身正气无人应援,一片忠心无处可表。

西陆:指秋天。古人根据太阳和黄道的位置,确定东陆为春,南陆为夏,西陆为秋,北陆为冬。
南冠:指囚犯。出自《左传·成公九年》:"晋侯观于军府,见钟仪,问之曰:'南冠而絷者,谁也?'有司对曰:'郑人所献楚囚也。'"春秋时期,楚国人钟仪因战败被俘虏至晋国,因为思念故国,当了两年俘虏却一直不改楚国的穿着打扮。骆宾王用南冠意指自己是个有节操的囚徒。
玄鬓:指蝉黑色的翅膀,也指代诗人黑色的鬓角,比喻诗人自己正当盛年。
白头吟:乐府曲牌名,一般都是哀伤的诗词。《乐府诗集》解题说是鲍照、张正见、虞世南诸作,皆自伤清直却遭诬谤。
露重飞难进,风多响易沉:字面意思是露水落在蝉的翅膀上,蝉很难飞起来,风声很大,盖过了蝉的叫声。诗中引申意为骆宾王一片忠心无处可表。
予:我。

"鳏寡孤独"四大不幸

因为父亲做官的缘故，少年骆宾王的日子过得是不错的，但幸福的日子并没有持续太久。骆宾王还没长大，父亲就在任上病逝了。中国人认为人生有四大不幸，合称"鳏寡孤独"，"少年丧父"就是其中之一。

《孟子·梁惠王下》中说："老而无妻曰鳏；老而无夫曰寡；老而无子曰独；幼而无父曰孤。此四者，天下之穷民而无告者。"这就是"鳏寡孤独"的来历。

鳏，指的是"老而无妻"。上了岁数却没了妻子，这是人生的不幸。年岁渐长，生活不便，身边却没有能照顾自己的伴侣，孤独寂寞不难想见。这样不幸的男人，我们称之为"鳏夫"。

寡，和鳏相对，指的是"老而无夫"。上了岁数却失去了丈夫，"寡妇"说的就是这类不幸的女人。和鳏夫相比，失去丈夫的女人在男权主导的社会里，恐怕是更深的不幸。

孤，指的是"幼而无父"，年纪还小、尚未成人，还不具备独立生活的能力时，失去了父亲的荫庇，即"少年丧父"。在古代，这不仅仅意味着失去如山的父爱，更意味着孩子失去可以依靠的经济来源，像一株娇嫩的小花，要独自迎接狂风暴雨的摧残。

独，指的是"老而无子"，上了岁数，却失去了自己的孩子。孩子是一对夫妇生命的延续，做父母的，总是把自己的期许都放到孩子身上，愿意牺牲自己、付出一切代价来换取孩子的幸福生活，可养大的孩子突然先自己而去，白发人送黑发人，是人生深重的苦难。

鳏寡孤独，是人生四大不幸，到现在已经成了一个成语，泛指那些失去依靠、需要照顾的人。人生的苦难也许难以逃遁，唯愿天下不幸者勇敢坚强，幸运者敬畏惜福。

于易水送人

【唐】骆宾王

此地别燕丹,

壮士发冲冠。

昔时人已没,

今日水犹寒。

【诗歌背景】

唐高宗新立太子而大赦天下,入狱两年的骆观光得以重获自由。两年间诗人看透人情冷暖,在易水边送别友人,由自己的境遇联想到当年的荆轲,感慨人心不古,英雄难再。

易水:位于河北省西部易县境内。相传是燕太子丹送别荆轲的地方。
燕丹:战国末期燕国太子,姓姬,名丹。
没(mò):死。

风萧萧兮易水寒

这首《于易水送人》的标题和前两句,说的都是先秦刺客荆轲。骆宾王咏史讽今,借当年在易水边送别荆轲的场面,抒发了九百年后自己的哀愁。

"荆轲刺秦王"的故事发生在群雄逐鹿的战国时代,当时秦国日益强大,先后吞并了韩、赵、魏、楚等国,燕国感受到威胁,就想主动采取行动。

于是燕太子丹找到荆轲共商对策。当时,秦王正以黄金千斤、封邑万户悬赏捉拿逃将樊於期,荆轲提议投其所好,献上樊於期的脑袋以获取接近秦王嬴政的机会,趁机行刺。樊於期走投无路才来投奔燕国,荆轲知道太子不忍将其杀害,就私下找到樊於期,并晓之以理。樊於期感动于荆轲的侠义,自愿献出了生命。

之后,太子丹找出天下最锋利的匕首,淬上剧毒交给荆轲。荆轲带上樊於期的首级和燕国督亢的地图,向秦国进发。太子和宾客穿戴白衣白帽到易水边为荆轲送行,荆轲的好友高渐离敲着筑(一种乐器),荆轲合着节拍唱起了歌,声音中透出无限悲凉。歌里唱道:"风萧萧兮易水寒,壮士一去兮不复还!"荆轲此去,抱定必死之心,不论成败,他都没有回头的打算。歌声中,他和随行的秦舞阳义无反顾渡过易水,前往秦国。

但是很可惜,荆轲的刺杀行动还是失败了。他虽然见到了秦王,送上地图时,他还走到秦王身边,"图穷匕首现",举起藏在地图中的匕首,却只割断了秦王嬴政的锦袍,没能将他杀死。荆轲被侍卫击杀，但他的侠义之心和视死如归的胆略，在五千多年的中国历史上，留下了浓墨重彩的一笔。

骆宾王的《于易水送人》，笔调苍凉寓意深远。前两句借用荆轲刺秦王的典故，后两句写世风日下人心不古：满怀侠义的古人已经逝去，当下的人心却如眼前的易水，寒凉彻骨。

写这首诗前，骆宾王触怒了女皇武则天，被诬陷下狱，因而痛感人事变故中的世态炎凉。出狱后他投身军队，决心报效国家，以荆轲的侠肝义胆自喻，骆宾王已然做好了杀身成仁的准备。后来，他果然协助徐敬业起兵反抗武则天，虽然壮志未酬，但他在诗中所体现出的豪迈与担当，绝非一般文人墨客可比。

在军登城楼

【唐】骆宾王

城上风威冷，

江中水气寒。

戎衣何日定，

歌舞入长安。

【诗歌背景】

　　这首诗是骆观光参与徐敬业征讨武则天时所写。诗人站在城楼上，看着充满杀气的军队，想象着胜利归来载歌载舞的场面。可是愿望美好而现实残酷，三个月后，徐敬业造反失败被杀，骆观光也从此下落不明，这首诗成了诗人绝笔。

戎衣：军装。
长安：唐的都城。

● 慷慨激昂的"四大檄文" ●

  檄文是古代用于征召、声讨、揭发罪行的文告。中国历史上有四篇檄文赫赫有名，合称"四大檄文"。

  按时间先后排序，四大檄文第一篇，是《为袁绍檄豫州文》，也称《讨曹操檄》，执笔的是三国时期著名的文学家、"建安七子"之一的陈琳。这篇檄文写得文采斐然，先回顾历史，说"有非常之人，然后有非常之事；有非常之事，然后立非常之功"。然后开始痛骂曹操，从曹操的爷爷开始骂起，一直写到曹操意图篡逆，最后一段"布告天下"，说这正是"忠臣肝脑涂地之秋，烈士立功之会"，还悬赏"其得操首者，封五千户侯，赏钱五千万"。据说曹操看到以后，毛骨悚然，吓出了一身冷汗。不过没想到，后来袁绍还是打了败仗，陈琳也被曹操抓了起来，但曹操非但没有杀陈琳报仇，反倒既往不咎，还让陈琳做了官。

  四大檄文第二篇，就是骆宾王写的《为徐敬业讨武曌檄》。武曌，就是唐朝女皇武则天。徐敬业，其实是李敬业，是唐朝开国功臣李勣的后人，本姓徐，祖父徐世勣是初唐名将，因为有功，皇上赐姓"李"，拥有和皇上同一个姓，意味着皇上把你当自家人，这是无上的荣耀。所以后来武则天称帝，改国号为"周"，李敬业就恢复了本姓徐，起兵造武则天的反。骆宾王这篇檄文写得气吞山河，据说武则天读到其中"一抔之土未干，六尺之孤何托"一句时，斥责当时的宰相失职：这个骆宾王这么有才华，为什么竟然没在我手下做官，反倒为别人所用？！女皇的气度果然非一般人可比。

四大檄文的第三篇，是明朝开国皇帝朱元璋所写的《奉天讨元北伐檄》，也称《谕中原檄》。元，是指当时蒙古人建立的元朝。元朝统治末期，老百姓的日子苦得快要过不下去了，朱元璋从小深受其苦，为了活命还做过和尚。后来他攻占应天府（今南京），计划向北征伐，颁发了这篇檄文。这篇文章把矛头对准了整个元朝统治阶层，历数元朝统治之昏聩残暴、百姓生活之艰难困苦，断言元朝已丧失天命，失去统治中国的资格，而后提出"驱逐胡虏，恢复中华"。全文以"天命"为中心，鼓动起中原百姓的民族主义情怀，气势磅礴，影响深远。"驱逐胡虏，恢复中华"的口号，在几百年后，还成了清朝末年革命党常用的口号。

四大檄文的最后一篇，是晚清重臣曾国藩的《讨粤匪檄》。"粤匪"，说的就是太平天国起义军。曾国藩带领自己的子弟兵"湘军"奉旨讨伐太平天国。太平天国运动是晚清一场声势浩大的农民起义运动，但以洪秀全、杨秀清为代表的起义军领袖并没有执政和管理国家的经验，本身又有根深蒂固的封建观念，内部争名夺利、贪图享乐，最后却无以为继、生灵涂炭、民不聊生。曾国藩在《讨粤匪檄》里高举民族文化大旗，说中国数千年来的"礼义人伦诗书典则"，因为太平军而"扫地荡尽"。于是号召"凡读书识字者"，怎么能"袖手安坐，不思一为之所也"。千秋功过，实在难以用一两句话讲清，但这篇檄文确乎立意高远、痛心疾首，可见曾国藩的胸怀和功力。

王勃

王勃，字子安。世传其"六岁解属文，构思无滞[1]"，"九岁读《汉书》，十岁通《六经》[2]"。果然是不世出的一代英才。

凭借这等天才早慧，王勃少年成名。十四岁即名动京师，十六岁便科举中第，成为唐朝最年轻的朝廷命官。天才即"异类"，历史喜欢天才，因为天才的存在证明了人类智慧可以达到的高度，而人类抵制异类，因为天才昭彰了与天才同时代者的孱弱。所谓"木秀于林，风必摧之"，对于涉世未深又恃才傲物的王勃来说，过人的才华几乎成为一种"诅咒"——让他平步青云，也让他成为众矢之的。

才华之成为诅咒，是历来天才的宿命。天才常有意无意"炫技"，悄悄显一手本事，就如竖起一座高峰，后人望之莫及，如钱锺书先生写《围城》，或将才华挥霍于不需才华的鸡毛蒜皮处，显示"我的才华用不完"。王子安写《檄英王鸡》便是此类。

以公鸡相斗取乐，本是民间娱乐，皇子在宫廷斗鸡，已是很拿不上台面的事了，后世韩退之（韩愈）所谓"业精于勤荒于嬉"的教训，说的正是此类游戏。两位皇子不光斗鸡，还让王勃写斗鸡的"檄文"，这下触怒了唐高宗，以挑拨皇子关系为名，下令将王勃逐出长安。（详见本书"才华是把双刃剑"）十六岁入朝为官，二十岁便灰溜溜离开长安，从此宦途渺茫，不知今夕何夕，正应了才华的诅咒，如冲天焰火，绚丽辉煌却昙花一现，雪泥鸿爪，春梦无痕。

天才是异类，不仅难与世相容，甚至还引来上天嫉妒，所谓"天妒英才"。传说王勃在南下探望父亲的途中落水惊悸而亡，时年二十七岁，是真正的英年早逝，让人不胜感慨。天才之离世，于在世之人是遗憾，只是当时人也许感觉不到。而王勃在人生最后一趟旅程的早些时候，留下了流传千古的绝世名篇《滕王阁序》，现在看来，几乎是以一篇旷古美文与这个世界道别。

生命的意义不在其长短，而在其曾留下怎样的印记。当我们感慨天妒英才的时候，也会将"海内存知己，天涯若比邻[3]"，"落霞与孤鹜齐飞，秋水共长天一色[4]"的诗句传唱不息。

郑振铎先生曾经这样评价王勃的成就："正如太阳神万千缕的光芒还未走在东方之前，东方已布满了黎明女神玫瑰色的曙光了。"敬这位唐代诗坛的"黎明女神"！

1.《旧唐书·本传》。王勃六岁就会写文章，文思通达无碍。
2. 杨炯《王勃集序》："九岁读颜氏《汉书》，撰《指瑕》十卷。十岁包综《六经》……时师百年之学，旬日兼之，昔人千载之机，立谈可见。"
3. 王勃《送杜少府之任蜀州》
4. 王勃《滕王阁序》

送杜少府之任蜀州

【唐】王勃

城阙辅三秦,风烟望五津。

与君离别意,同是宦游人。

海内存知己,天涯若比邻。

无为在歧路,儿女共沾巾。

【诗歌背景】

　　写这首诗的时候王勃应该是十六到二十岁的年纪,正在长安做官。花样年华,一切都是充满希望的,连送别诗也充满了生命力,满满的正能量。与好友分别,无须感伤也无须流泪,只要心在一起,走到天涯海角都不觉得远。

少府:官名。
之:到、往。
蜀州:今四川崇州。
城阙:城楼,指长安城。
辅:护卫。
三秦:指长安附近关中之地,春秋战国时期这块区域为秦国属地,故称"三秦"。
五津:指岷江的五大渡口,这是古人由秦入蜀的必经之路,用来泛指蜀地。
宦(huàn)游:在外做官。
海内:四海之内,即全国各地。
无为:无须,不必。歧(qí)路:岔路。古人送行常在大路分岔处告别。
沾巾:泪水沾湿了佩巾。指挥泪送别。

●才华横溢的"初唐四杰"●

初唐四杰,指的是初唐时期四位齐名的诗人:王勃、杨炯、卢照邻、骆宾王。其中最有名对后世影响最大的,当数王勃。

每个时代都有自身独特的风貌,秦汉古朴、魏晋风流……初唐时期,国家刚刚安定,百姓逐步回到安居乐业的状态。在万象更新的背景下,一切都充满力量,充满希望,这个时期的诗词文章也表露出欣欣向荣的生机,展现了与中晚唐作品截然不同的生命力。

初唐这四位杰出诗人,都以诗文著称,是初唐文坛新旧过渡时期的代表人物。王勃以《滕王阁序》闻名天下,他的五言律诗也很有特色,如《送杜少府之任蜀州》等;杨炯的五言律诗《从军行》写得朝气蓬勃,骈文《王勃集序》同样元气充沛;卢照邻擅长七言古诗,有《长安古意》等传世;骆宾王著名的五言绝句《于易水送人》、檄文《为徐敬业讨武曌檄》,都显示出纯熟的文字技巧。

唐朝以前,南朝"齐梁体"盛行,诗歌内容多吟咏风花雪月,诗歌形式讲求音律精细,辞藻巧艳。"初唐四杰"反对这种浮华狭隘的诗风,他们把诗歌从宫廷带到市井,将诗歌题材从风花雪月拓展到边塞、山水等,赋予了诗文新的生命力,也为格律诗的发展奠定了基础。后世多有对初唐四杰的高度评价。杜甫就有诗云"王杨卢骆当时体,轻薄为文哂(shěn)未休",讲的就是"初唐四杰"对诗文破旧立新的杰出贡献。

另外,初唐四杰都是少年成名,某种程度上也暗合了他们所处的万象更新的"初唐"时代。骆宾王七岁写诗,王勃九岁就有很好的名声,杨炯九岁考上科举,卢照邻十七八岁就得到重用。"初唐四杰"个个都是青年才俊,才华横溢。时代是年轻的,新时代里涌现的诗风和诗人也是年轻的。

但人生从来都有得有失,光阴并不会因为曾经的美好就只停留在光鲜亮丽的开端,时间从来都是最公平的,它总在不疾不徐地往前走。

放眼这四位才子的人生结局,令人不胜感慨:王勃二十七岁落水惊悸而死;杨炯不惑之年死于任上;卢照邻一病十数载,最后投水自尽;骆宾王随徐敬业起事,兵败之后,生死不明。他们耀眼而短暂,如破空的闪电,如划过夜空的流星,如瞬间灿烂的火树银花。时代拥有他们,是时代的幸运,他们辉耀了整个时代,让光芒穿破历史的迷雾照耀至今。但耀眼而短暂的生命,却不见得也是他们的幸运。初唐四杰虽然名垂青史,但这样的一生究竟是否幸福如意,个中滋味,也只有他们自己知道了。

● 才华是把双刃剑 ●

　　王勃少年成名，十四岁便名动京师，被沛王李贤（唐高宗第六个儿子）征召为侍读兼修撰（陪读的同时帮忙编撰文字资料），在沛王府任职。

　　唐朝民间流行斗鸡，这种本就不入流的民间游戏，满足了人"好斗"和"好赌"的本性，所以传入宫廷后，王公贵族们也不能免俗地玩了起来。有一次，沛王李贤与英王李显玩斗鸡游戏，王勃在一旁观赛，可能被激烈的场面所感染，年轻气盛的王勃大笔一挥洋洋洒洒地写了一篇《檄英王鸡》文。檄文是用来声讨、揭发罪行的文章，王勃把斗鸡赛场当成了战场。他的初衷可能是讨好沛王，也可能只是"秀"一下自己的文采，或者干脆就是觉得好玩，写来助兴。可这篇把斗鸡当成战争的檄文，不知怎么的，传到了沛王的老爹唐高宗的耳朵里。

　　这就犯了大忌。一来，沛王作为皇子，理当读圣贤书，"业精于勤而荒于嬉"，只想着玩，是没出息的表现，更何况，玩的还是这种不入流的民间游戏，这本就是件很"掉价"的事。二来，皇子之间的"争斗"在宫廷内部从来都是大忌，不论这种争斗是为争夺皇位还是为了斗鸡场上的胜负。

　　史书上记载，唐高宗看到这篇《檄英王鸡》文后，非常生气，说"据此是交构之渐"。意思是说，这就是诸侯王之间相互争斗乃至陷害的开始。唐高宗的父亲唐太宗李世民是杀了自己的兄弟李建成和李元吉而登上皇位的，唐高宗自己也是在兄弟相争的夹缝中挤上皇位的。现在看到自己的儿子斗鸡，甚而把斗鸡弄得像打仗，还写起了檄文，所以不难理解唐高宗对这件事该有多反感了。自然，对于写出这篇檄文的王勃，纵然有天妒的英才，到了皇宫里不好好陪皇子读书进步，还把才华用于挑拨离间，高宗当然是不能再把他留在身边了。于是，王勃因这一篇文章——其实也是因他的才华——被高宗皇帝下令逐出了长安。

经过这一遭，不知王勃是否终于明白，官场并不是一个可以随心所欲的地方，要在这个池子里混，他要学的东西还有太多。才华是一把双刃剑，可以将他捧起，也可以让他跌落。这个道理，恐怕到了现在，还是适用的。

滕王阁

【唐】王勃

滕王高阁临江渚,佩玉鸣鸾罢歌舞。

画栋朝飞南浦云,珠帘暮卷西山雨。

闲云潭影日悠悠,物换星移几度秋。

阁中帝子今何在?槛外长江空自流。

【诗歌背景】

　　这是王勃附在《滕王阁序》后的一首七言古诗,概括了序的内容。全诗从空间、时间两个维度展开对滕王阁的吟咏,笔意纵横,气度高远,境界宏大,与《滕王阁序》双璧同辉,相得益彰。最后一问一答,问出了物是人非的苍凉,答出了时过境迁的无奈。

《滕王阁序》名句

物华天宝,龙光射牛斗之墟;

人杰地灵,徐孺下陈蕃之榻。

十旬休假,胜友如云;千里逢迎,高朋满座。

落霞与孤鹜齐飞,秋水共长天一色。

渔舟唱晚,响穷彭蠡之滨;雁阵惊寒,声断衡阳之浦。

天高地迥,觉宇宙之无穷;兴尽悲来,识盈虚之有数。

关山难越,谁悲失路之人?

萍水相逢,尽是他乡之客。

嗟乎!时运不齐,命途多舛。

冯唐易老,李广难封。

老当益壮,宁移白首之心?

穷且益坚,不坠青云之志。

● 机会总是留给有准备的人 ●

王勃因为一篇檄文被逐出长安，后来又扯上官司，被关进了大牢，他的父亲因此受到牵连，被贬官到交趾做县令。交趾现在是越南的国土。

675 年前后，王勃南下去交趾看望父亲。就在南下的路上，本已成了死刑犯的王勃，赶上唐高宗和武则天大赦天下（这次大赦是因为追认李家列祖列宗），从而重获自由。虽说免于一死，但政治前途已经毁于一旦了。

然而，有些人的一生似乎注定是不平凡的，在探望父亲的途中，经过今江西省南昌市时，王勃以其特殊的才华，再次留下了令人惊艳的作品和让千年文坛津津乐道的故事。

当时掌管南昌一带的是李世民的弟弟李元婴，被称为"滕王"。滕王李元婴早些年就开始在长江边上修建楼阁，这个楼阁，就是我们现在熟知的"滕王阁"，在当时以其恢宏的气势名震四方。不过，我们现在熟知滕王阁，可不是因为它的高度和外观，而是因为王勃。

675 年，路过南昌的王勃正赶上滕王阁重修完成的典礼。典礼上，自然"高朋满座""胜友如云"（这是王勃的句子），主持重修此阁的洪州牧阎伯屿询问到场的宾客，是否有人能写篇文章来纪念这件盛事。其实，阎公别有用意，他想假托众宾客之口推举出自己的女婿吴子章，让他借着这个名士云集的场合，把一篇提前准备好的文章亮出来，出出风头。

可惜人算不如天算，半路杀出个程咬金，路过的王勃毛遂自荐，截和了。

　　据说阎伯屿一看有人截和，很不高兴，这不是上门来挑事儿么？所以他借故离开了现场，但暗暗吩咐手下盯着王勃，王勃每写一句，就向他汇报一句。这阎伯屿是要看看王勃到底有什么能耐来给滕王阁写文章，等到王勃写不下去或者写不出好文章的时候，再让自己的女婿出来露脸。

　　王勃开始写了，第一句，"豫章故郡，洪都新府"，阎伯屿不以为意。第二句，"星分翼轸，地接衡庐"，阎伯屿皱皱眉，嗯，这句有点气势了。王勃一直写到"落霞与孤鹜齐飞，秋水共长天一色"，这下阎伯屿坐不住了，这个句子写得实在太好了，相比之下，就算是女婿提前准备好的文章，也根本望尘莫及。于是阎伯屿回到了宾客中间，站在王勃旁边看他写完，在场的宾客名流无不对眼前这位青年才俊击节赞叹。

　　王勃能以一篇《滕王阁序》名扬天下，流传千古，有两样东西必不可少：实力和机遇。机遇，虽然可遇而不可求，不过，机遇从来都是留给有准备的人的，若没有扎实的积累和过硬的实力，就算机会摆在面前，恐怕也只能望洋兴叹。所以我们大可不必怨天尤人觉得老天对自己不公平，不妨督促自己每天进步一点，夯实基础。真正做好准备。等到机遇降临的一天，才能乘势而上，牢牢地把握住机遇。

陈子昂

陈子昂，字伯玉，梓州射洪（今四川省遂宁市射洪）人。幼时家境富裕，为人轻财好施，豪放任侠，直到十七八岁才励志发奋读书。倒也天赋异禀，二十四岁便中进士，初入仕途。

陈子昂为官之时，正逢武则天当权，虽在官位，肺腑之言却无人聆听，愤懑不堪的陈子昂满腔报国之志，自请从军，渴望到边疆建功立业。后以武攸宜参谋的身份，随军出征。可惜武攸宜为人轻率，任人唯亲，陈子昂失望而归。一片忠心无处可表，反遭陷害，最后身陷囹圄，冤死狱中，令人扼腕。

官场失意的陈子昂，留下诗作也不算多，但他在诗歌史上却是一个不可或缺的转型期人物。初唐文坛继承了南北朝时期浮华工丽的特点，而陈子昂提倡恢复"汉魏风骨"，力矫浮艳之流弊。韩愈后来评价他"国朝盛文章，子昂始高蹈[1]"，认为正是陈子昂的出现，引领唐朝文坛走上了更高远的诗歌创作境界。杜甫也盛赞他"公生扬马后，名与日月悬[2]"。其名篇《登幽州台歌》看似是随意写下的寥寥数笔，但是天地悠悠怆然泪下的情景却直击人心，荡涤胸怀，殊为不易。一句"前不见古人，后不见来者[3]"，足以光耀千秋。

1. 韩愈《荐士》
2. 杜甫《陈拾遗故宅》
3. 陈子昂《登幽州台歌》

登幽州台歌

【唐】陈子昂

前不见古人，

后不见来者。

念天地之悠悠，

独怆然而涕下。

【诗歌背景】

　　陈子昂这首诗写于697年，武则天派武攸宜北征契丹，陈子昂随军做参谋。武攸宜不懂军事，一战则败。陈子昂屡屡献计却不被采纳，反遭贬斥，子昂悲愤莫名，登上幽州台，有感于燕昭王招贤纳士振兴燕国的故事，作此诗。这首诗前两句俯仰古今，写出时间的绵长；第三句登楼远眺，写出空间的广阔；第四句直抒寂寞悲苦的心绪，感叹自己生不逢时，怀才不遇。整首诗声势浩大，语言苍劲奔放，富有感染力，颇能撩动心弦，是流传千古的名篇。

幽州台：即燕昭王所建的黄金台，希望借以招纳天下贤才。在今北京市西南，也就是大兴。
幽州：古九州之一，大致包括现在的河北、北京和天津北部。
前：过去。
古人：古代那些能够礼贤下士的圣君。
后：未来。来者：后世那些重视人才的贤明君主。
悠悠：形容时间的久远和空间的广大。
怆（chuàng）然：悲伤的样子。
涕：眼泪。

贺知章

贺知章，字季真，号石窗，晚年自号"四明狂客"，浙江永兴人。与张若虚、张旭、包融并称"吴中四士"。

贺知章少时以文辞知名以后，入朝为官，直至八十六岁告老还乡。从国子监四门博士、太常少卿、礼部侍郎、工部侍郎，到最后的三品太子宾客，他官途畅通，稳步晋升，虽然从没掌过实权，不过是"部委办事员"，到头也就一个三品，但是能在宦海沉浮中安稳度过五十年，就不难想见，贺老爷子绝不简单。

五十年官场磨砺，贺知章也确实有些真才实干和人格魅力。八十多岁辞官回乡的时候，唐玄宗赐诗，皇太子和百官为他饯行，还升迁他的儿子，这可以说是对他整个为官生涯的高度肯定。当朝宰相陆象先也曾对人说"季真清谭风流，吾一日不见，则鄙吝生矣[1]"，足见贺知章的清雅高尚。

但以上仅是外人眼中的贺知章。从他晚年自号"四明狂客"，我们似乎可以窥见他内心深处隐藏的某种"狂狷"。他赏识人才，与李白一见如故，不拘一格"金龟换酒"，李白得见玄宗有他一半的功劳。"知章骑马似乘船，眼花落井水底眠[2]"，他又是个不折不扣的"酒仙",杜甫《饮中八仙歌》中的头号人物。《旧唐书·贺知章传》记载:"知章性放旷,善谈笑,当时贤达皆倾慕之[3]","醉后属词,动成卷轴,文不加点,咸有可观[4]"。"四明有狂客,风流贺季真[5]",也许人前的谨小慎微只是顺应官场文化的不得已而为之,高逸放达、随心所欲,才是真正的贺知章。

贺知章流传至今的诗文不算多,了解了他的生平再来读"儿童相见不相识,笑问客从何处来[6]",才能真正体会那种微妙的心理落差,前一秒还是皇帝都要敬三分的朝中老臣,后一秒却成了无人知晓的他乡来客。八十多年人生际遇一瞬间涌上心头,自然感慨万端。但不管怎么说,为官半生,荣归故里,能在故乡安然度过人生最后的时光,贺知章的结局实在是历代诗人中难得能令人感到欣慰的。

1.《新唐书·贺知章传》,贺季真言谈清雅,我一天不见他,庸俗贪鄙的念头就会冒出来。
2. 杜甫《饮中八仙歌》
3.《旧唐书·贺知章传》,贺知章性格放达开朗,言谈风趣,当时有道德有才能的人都很景仰他。
4.《旧唐书·贺知章传》,喝醉后写作诗文,不知不觉完成了卷轴之作,一气呵成,都很值得阅览。
5. 李白《对酒忆贺监》
6. 贺知章《回乡偶书》

回乡偶书

【唐】贺知章

少小离家老大回,

乡音无改鬓毛衰。

儿童相见不相识,

笑问客从何处来。

【诗歌背景】

  这首诗是贺季真八十六岁时写的。那一年他告老还乡回到越州永兴(现在的杭州萧山),那一年也是他人生的最后一年。背井离乡做了一辈子的官,四明狂客可以说是衣锦还乡,荣归故里。离开京城时皇上亲自为他饯行,结果回到故乡却被天真的孩童当作客人,"主""客"之间云泥之别,想必让四明狂客心中五味杂陈。

偶书:随便写的诗。
乡音:家乡的口音。
鬓毛:额角边靠近耳朵的头发。
衰:减少。

● 贺知章爬墙的故事 ●

开元十四年（726年），唐玄宗的兄弟齐王去世了，按祖制，要举行隆重的葬礼。当时贺知章正好担任礼部侍郎，奉诏为葬礼挑选挽郎。挽郎，就是出殡时牵引灵柩唱挽歌的人，虽然不是什么光鲜的差事，但给皇族的葬礼做挽郎，可是入仕途的一条捷径。做过挽郎之后，档案移交吏部，就可以进入吏部考察提拔官员的范围了。这么高规格的葬礼并不常有，虽然挑选的标准很高，各种皇亲贵族、高官子弟都挤破脑袋想要争取挽郎的名额，接下效忠皇室的美差。僧多粥少，也就少不了矛盾。正是这么一件差事，让贺知章爬上了墙头。

贺知章虽然官做得不小，但毕竟都不是真正掌握实权的官职，所以贺知章处理复杂问题的能力其实很一般。面对这样一个僧多粥少的局面，他"取舍不平"，弄得很多落选的官宦子弟心怀不满，气势汹汹跑到贺知章办公的礼部大院，围了个水泄不通，"喧诉盈庭"，场面十分尴尬。贺知章感觉不妙，来的都是官宦人家的子弟，他既不敢让礼部的保安侍卫硬生生地驱赶，又拿不出好的解决办法，弄得连门都不敢出。人越围越多，有些人甚至开始打砸大门，场面眼看就要失控，被逼急了的贺知章看到屋檐下有一个梯子，便命人搬了来，架在墙头，自己顺着梯子爬到墙头，露出个脑袋隔墙向外面的人喊话："诸君且散，见说宁王亦甚惨淡矣。"意思就是十分抱歉，挽郎的名额有限，就这么一百多号人，大家各自回去吧，听说宁王也快不行了，大家等下次吧。潜台词是，等宁王一死，不还要招聘挽郎嘛,到时候你们还有机会。唉!可怜书生掌权,简直手足无措,斯文扫地啊!

　　这一回贺大人的"爬墙事件",在京城传得沸沸扬扬,人们议论纷纷。不久,贺知章就被调任了工部侍郎,从此远离了实权职位。

　　贺知章的读书成绩很好,仕途也算顺畅,不过依然有他处理不好的事情。人生除了读好书之外,还有各种各样的问题需要面对。在学校里的日子是最单纯的,而真正的社会生活是非常复杂的,一辈子行走社会,会碰到许多的问题,需要锻炼解决问题的能力。当然,碰到问题是正常的,不必担心不必害怕,多经历一些就多成熟一些,每个人都需要自己去经历,成长只能自己来,没有人可以替代。

咏柳

【唐】贺知章

碧玉妆成一树高,

万条垂下绿丝绦。

不知细叶谁裁出,

二月春风似剪刀。

【诗歌背景】

短短四句,诗人综合运用了比喻、设问、拟人等修辞手法,把春天的美好表现得淋漓尽致。

妆:装饰,打扮。

绦(tāo):用丝编成的绳带。这里指像丝带一样的柳条。

● 各有特色的"吴中四士" ●

"吴中四士"是指张若虚、贺知章、张旭和包融,四人均活跃于初唐、盛唐时期,因为都是江浙一带人,所以称"吴中四士"。吴中,即现在的江苏。

张若虚是江苏苏州人。一世生平难考,《全唐诗》中,仅收录其作品两首,但就这两首中的一首《春江花月夜》便足以流传万世。这首《春江花月夜》有"以孤篇压倒全唐"之誉,历来评价非常之高。不过,这首如今享有盛誉的长诗,在唐朝的时候并不出名,直到宋代才被人发掘出来。

贺知章,除了是诗人之外,也是书法家,是杭州萧山人。贺知章的诗文以绝句见长,除了大量因为工作关系所写的祭神乐章、应制诗外,他的写景、抒怀之作也是风格独特,清新潇洒。全唐诗里收录了他十九首诗,《回乡偶书》《咏柳》等都是脍炙人口的名篇。贺知章官至三品,一直做官到八十六岁告老还乡。

张旭也是苏州人,是唐代书法家,以草书闻名。传世的《肚痛帖》等都被奉为草书圣品。据《旧唐书》的记载,张旭喜欢喝酒,每次大醉后,号呼狂走,索笔挥洒,变化无穷,若有神助,被当时的人称为"张颠"。"张颠"是张旭的外号,从外号就能看出他是个豪爽狂放的人,他的草书与李白的诗歌、裴旻的剑舞还并称"三绝",另外他也是"饮中八仙"之一。唐朝诗人李颀有一首诗《赠张旭》,淋漓尽致地描绘了张旭卓然不俗的风采。诗云:

张公性嗜酒,豁达无所营。

贺知章

皓首穷草隶，时称太湖精。
露顶据胡床，长叫三五声。
兴来洒素壁，挥笔如流星。
下舍风萧条，寒草满户庭。
问家何所有，生事如浮萍。
左手持蟹螯，右手执丹经。
瞪目视霄汉，不知醉与醒。
诸宾且方坐，旭日临东城。

包融，唐代诗人，江苏丹阳人。现存世作品八首，并不出名。包融与贺知章等诗人关系融洽，仕途通达，官至大理司直，是负责监督京城官员的职位。元朝有本专门记录唐朝才子事迹的《唐才子传》，里面提及了包融及他的两个儿子包何与包佶，父子三人合称"三包"。

张九龄

张九龄，字子寿，韶州曲江（今广东韶关）人，故称"张曲江"。

子寿幼时聪颖，善写文章，二十四岁考中进士，正式步入官场，此后如游戏开挂一般节节高升，最后官至宰相，位极人臣。张九龄文才过人，品行端正，对政事见解独到，一度为唐玄宗所器重，被后人称为开元盛世的"最后一任贤相"。其后，就是弄权的奸相李林甫了。

张九龄尽心尽责，对大唐忠心耿耿，敢于直言进谏。敢说真话就要有付出代价的准备，这代价包括违背皇帝的心意，搞得龙颜不悦，再加之奸相李林甫在玄宗面前谗言陷害，以及皇权与相权天然的对抗，子寿虽居高位而仍遭贬官，并不奇怪。

张九龄左迁（贬官）后，每逢宰相推荐公卿，玄宗必问朝臣："风度得如九龄否？"官做到这一步，不容易。不仅如此，张九龄曾看透安禄山的狼子野心，向玄宗进谏，要处决安禄山以绝后患，却遭玄宗拒绝。及至安史之乱爆发，玄宗方觉后悔。以张九龄在唐玄宗心中地位之高，"曲江风度"早已成为臣子们的标杆。

《唐诗三百首》开篇就选了张九龄的《感遇》一诗。"草木有本心,何求美人折?[1]"一句反问,尽显"不忘初心"的坚定自持,不为外力所动,不需要他人的赞赏,拥有属于自己的美好气节,行当行之事,此生足矣。这种话从潦倒者口中说出,难免有酸葡萄之嫌,从位极人臣如子寿者嘴里讲出来,就是一番洁身自好的风度洒然了。

子寿对同时代文人后学极尽提携之能,他曾邀请辞官的王维再次出山担任右拾遗,也曾邀请"欲渡无舟楫[2]"的孟浩然担任幕僚。和后来牛李党争的结党营私不同,张九龄和这些朋友们,都是君子之交淡如水的一代贤俊。

张九龄流传至今的诗作不多,但仅有的篇目佳句迭出,每每荡涤人心。时至今日,当我们诵起"海上生明月,天涯共此时[3]"的时候,仍然好似与开元盛世的一代贤相张曲江共同遥望天边一轮皎洁,感念时过境迁,天地苍茫。

1. 张九龄《感遇》
2. 孟浩然《望洞庭湖赠张丞相》
3. 张九龄《望月怀远》

望月怀远

【唐】张九龄

海上生明月，天涯共此时。

情人怨遥夜，竟夕起相思。

灭烛怜光满，披衣觉露滋。

不堪盈手赠，还寝梦佳期。

【诗歌背景】

　　这首诗写于张九龄晚年被贬官后。空闲下来，有些埋藏心底的感情才终于流露出来。望着海上的明月，想象亲人们也在欣赏同样的景色，因为思念之切，整夜都睡不着觉。在这湿冷的夜晚，就让深深的思念温暖内心吧。

怀远：怀念远方的亲人。
情人：多情的人。
怨：抱怨。
遥夜：长夜。
竟夕：终夜。
怜光满：爱惜满屋的月光。
不堪：不能。

感遇（其一）

【唐】张九龄

兰叶春葳蕤，桂华秋皎洁。

欣欣此生意，自尔为佳节。

谁知林栖者，闻风坐相悦。

草木有本心，何求美人折？

【诗歌背景】

　　这首诗写于张九龄晚年被贬官后。"草木有本心，何求美人折？"官场的得失似乎并不能影响子寿的本心，他借诗表露心迹，"美好"是对自己的要求，并不需要别人的欣赏和肯定。在他眼中，只要跟随内心，完成自己的使命，生命才有意义。

葳蕤（wēi ruí）：草木茂盛的样子。
桂华：桂花。
皎洁：有光彩的样子。
欣欣：欣欣向荣，充满生命力的样子。
自尔：彼此、各自。"自"是自己，"尔"是对方。
佳节：美好的时节。
林栖（qī）者：此指隐士。
闻风：指仰慕美好的品格。
坐：因此。

棋里有乾坤

张九龄是唐玄宗身边的一名近臣，做宰相前，居中书令职。后经前任宰相张说举荐，独当一面，成为朝中不可或缺的宰相，也被后世认为是唐朝最后一位"贤相"。而唐玄宗与张九龄之间，天天见面，自然也发生了不少有趣的事。

张九龄是个象棋高手，唐玄宗就喜欢找他下棋。唐玄宗不是张九龄的对手，却又总不服输，越输越来劲儿，经常要张九龄陪自己下棋。作为臣子，眼见皇上痴迷下棋不理政事，张九龄心里十分焦急。可人家是皇上啊，皇上要下棋，你做臣子的，不能违抗圣旨吧？

一日，唐玄宗又找来张九龄对弈，两人厮杀正酣，张九龄忍不住对唐玄宗说："陛下，天天下棋，不好。"这是想借机规劝的意思。

"不要紧。"唐玄宗回答，"继续下。"

碰了个钉子，张九龄不放弃。下了几步，张九龄摸摸脑袋，换了个说法："陛下，您天天下棋，朝廷大事就顾不上了。"

"不要紧，接着下。"唐玄宗一副油盐不进的样子。

"现在内则官吏贪污腐化，外则异族入侵。如不富国强兵，国有难，百姓就难安居。"张九龄再三进谏，这就有点急了。

"没事，朝廷有文武百官，你快下棋吧。"玄宗仍然没有停下的意思。

这下张九龄不说话了。还能说什么呢？话都说到这个份上了，你还不理不睬，再往下说，就要闹得不愉快了。没辙，继续下棋，但下归下，张九龄的脑子可就转开了。他暗暗地故意输棋，眼看唐玄宗"将军"，张九龄却弃"帅"挺"兵"，硬生生就是一步也不动那个老帅。

"怎么不动'帅'啊，我将你'军'啦！再不动你就输啦！"唐玄宗说道。

张九龄趁势跪下："陛下，下棋好比管理国家大事，将帅若一动也不动，不与其他棋子齐心，其他棋子就算拼了命动，也保护不了将帅啊！"

真是难为了张九龄好一番苦口婆心！

通过棋局比喻朝政，用如此巧妙的方法点醒皇上，张九龄可以说是煞费苦心了。从这个故事里，我们也不难领略到，要在皇上身边做个贤明的宰相是多么不容易，提个建议要明着说，暗着说，变着法儿地说，还要考虑皇上的心情，没有足够的情商和强大的内心，恐怕还真担不了这份差事。

孟浩然

孟浩然，名浩，字浩然，号鹿门处士，湖北襄阳人，故又称"孟襄阳"。擅山水田园诗，与王维并称"王孟"。

孟浩然早年隐居鹿门山，四十岁赴京求仕，应举不第，一生未入仕途。据《新唐书》记载，孟浩然曾在王维府中直面唐玄宗，而一句不合时宜的"不才明主弃[1]"，让千载难逢的自荐机会从指缝间溜走。还有一次，时任襄州刺史的韩朝宗有意举荐孟浩然，邀他一同进京，孟大诗人竟因与故友喝酒聚会，放任机会再次溜走。孟大诗人不想做官，看来不是随便说说的。所以他虽然写过"坐观垂钓者，徒有羡鱼情[2]"的句子，隐隐表露过入仕的意愿，但这份用世之志到底有多么坚定，就很难说了。耿直任性，不拘一格的性情，其实早就注定了，官场不是他的舞台。

政治上困顿失意，孟浩然在文坛却备受推崇，在当世即有盛名，且是同行间的名声，殊为不易。自视甚高的李白曾直言不讳对他的钦慕："吾爱孟夫子，风流天下闻[3]"，"高山安可仰，徒此揖清芳[4]"，盛赞他的品格；杜甫则有诗云"清诗句句尽堪传[5]"，称孟浩然清新的诗句足以永世流传；王士源在《孟浩然集序》中写他"骨貌淑清,风神散朗","文不按古,匠心独妙,五言诗天下称其尽美矣",夸得一众同行尽皆失色。而王维、张九龄、王昌龄等各位同行也都十分欣赏他。

孟浩然的诗作多写田园隐居生活,"春眠不觉晓,处处闻啼鸟[6]","故人具鸡黍,邀我至田家[7]","开轩面场圃,把酒话桑麻[8]",也许鸟语花香,有酒有肉有朋友,清静却不冷清的隐居生活才是孟浩然的本心所向吧。这日子虽然不富有,却也过得怡然自得。

740年,好友王昌龄来访,两人相见甚欢纵情宴饮,致使孟浩然本将痊愈的毒疮复发而丧命,时年五十二岁。

"人事有代谢,往来成古今[9]",那时的孟浩然读罢羊公碑文涕泪沾襟,今天的我们读着孟浩然的诗句,亦不禁慨叹他纠缠于"仕"与"隐"的命运。当然了,这很可能只是我们自作多情地替古人担忧罢了。以孟浩然的性情,纠结不过一时一刻,看到田园自在,闻到家酿醇香,他是决计不肯出来做官的吧。

1. 孟浩然《岁暮归南山》
2. 孟浩然《望洞庭湖赠张丞相》
3、4. 李白《赠孟浩然》
5. 杜甫《解闷十二首·其六》
6. 孟浩然《春晓》
7、8. 孟浩然《过故人庄》
9. 孟浩然《与诸子登岘山》

春 晓

【唐】孟浩然

春眠不觉晓，

处处闻啼鸟。

夜来风雨声，

花落知多少。

【诗歌背景】

　　这首诗写于孟浩然隐居鹿门山之时。我们仿佛看到诗人躺在床上，一边听风听雨听鸟叫，一边还想象着雨后窗外的景象，有几分慵懒，又有几分闲适。读完这首诗，我们的心似乎也静了下来。

晓：天刚亮的时候。
闻：听到。

● 皇上来了钻床底 ●

　　王维比孟浩然小12岁，但在孟浩然四处干谒寻求入仕机会的时候，王维早就在京城做起了官。

　　有一次，王维请孟浩然到官署来玩。官署就是官员办公的地方，一般来说，京城官员的办公室是不能随便进出的，万一有些机密文件，总是不太妥当。

　　孟浩然和王维是关系很好的忘年交，没顾虑太多，也就去了。没想到，两人正聊着天，唐玄宗突然来了。一听皇上驾到，孟浩然就慌了，怎么办？一来心里紧张，二来也顾虑到这是违规的做法，孟浩然情急之下一溜烟躲到了床底下（"床"在当时是一种坐具）。王维考虑得周全些，一会儿孟浩然要是不当心咳嗽一下或者发出点声响，再解释可就麻烦了，搞不好弄个欺君之罪。所以王维没有隐瞒，等唐玄宗进来，就向他禀报了实情，顺便也向皇上引荐了孟浩然。唐玄宗是爱才之人，既然是王维推荐的朋友，就吟两首诗来听听吧，看看到底有多少才华。

　　这可是千载难逢的机会啊！理所当然，应该把最棒的作品拿出来，好好表露一番自己渴望建功立业，渴望报效祖国的心愿。只要皇上一乐意，那大好的前途就指日可待了！

　　可是孟浩然呢？他背了一首《归故园作》："北阙休上书，南山归敝庐。不才明主弃，多病故人疏。白发催年老，青阳逼岁除。永怀愁不寐，松月夜窗虚。"这诗的大意是：不要给朝廷上书陈述己见了，还是回到南山破旧的茅屋去吧，没有才能使君主弃我不用，又因多病朋友也与我疏远……这哪有一点对仕途的渴望？反倒是充满了自怨自艾的满腹牢骚。唐玄宗听到"不才明主弃"可就不乐意了，看起来你并不想做官，你不是想要回家嘛，再说我也从来没有抛弃过你呀，怎么反倒赖起我来了？皇帝的心思是很敏感的，非常在意别人对自己的看法，尤其在用人的这种问题上。于是，孟浩然就这样错过了一次当官直通车。

其实孟浩然钻床底这么个下意识的举动，正是他内心想法的表现：他对于做官没有很强的渴望，面对大人物，他的内心还是有些害怕的。换而言之，他也许真的不适合官场。要知道，这样可遇而不可求的机会，不论让哪个一心想当官的人撞上，那还不高兴得合不拢嘴啊！

再说他选的诗，《归故园作》也许确实是他的得意之作，但却一定不是皇帝想听的。如此耿直，如此不会揣摩皇帝的心思，不入官场也许并不是件坏事。

孟浩然科举失败，见了皇上还要钻床底，但正是在他屡遭挫折隐居起来的日子里，写了许多好诗，反而也算是成就了他。所以说，成功并不是只有一种方式，在纷繁复杂的世界中，每个人能够找到符合自己本心的东西，合意的朋友、合意的工作，就是很美好的生活了。

过故人庄

【唐】孟浩然

故人具鸡黍,邀我至田家。

绿树村边合,青山郭外斜。

开轩面场圃,把酒话桑麻。

待到重阳日,还来就菊花。

【诗歌背景】

　　这首诗写于孟浩然隐居鹿门山之时,云淡风轻,衣食无忧,恬静又不孤单。走过"绿树""青山",到朋友家做客,喝点小酒聊聊农家生活,约好再聚的时间,这也许就是诗人心中的理想生活吧。

具:准备。
黍(shǔ):黄米饭。
郭:村子的外围。
轩:小窗子。
场圃(pǔ):打谷场和菜园子。
还(huán):返,来。

夜归鹿门山歌

【唐】孟浩然

山寺钟鸣昼已昏,渔梁渡头争渡喧。

人随沙岸向江村,余亦乘舟归鹿门。

鹿门月照开烟树,忽到庞公栖隐处。

岩扉松径长寂寥,惟有幽人自来去。

【诗歌背景】

　　天色渐晚,孟浩然从喧闹的渡口向自己隐居的住处归去,就好像从浮华吵闹的世界抽离,回归自己的内心一样。虽然住处寂静冷清,但是过着如庞德公一般的隐居生活,孟浩然的内心是富足的。

鹿门山:山名,在今湖北襄阳城东南。
昏:黄昏。
渔梁:洲名,在今湖北襄阳城外汉水中。
喧:吵闹。
开烟树:指月光下,原先在烟雾缭绕中的树木渐渐显现出来。
庞公:庞德公,东汉襄阳人,曾隐居鹿门山。荆州刺史刘表曾数次请庞德公做官,他都不屈身就职,后来隐居山中采药,一去不回。
扉(fēi):门。
幽人:隐居者,此为诗人自称。

宿建德江

【唐】孟浩然

移舟泊烟渚,

日暮客愁新。

野旷天低树,

江清月近人。

【诗歌背景】

　　这首诗写在孟浩然漫游吴越（今江浙一带）期间。全诗写景，十分平常的景，然而整首诗意味隽永，给人留下无限的想象空间。在江边发愁的那个客人，究竟是不是诗人自己呢？

建德江：指新安江流经建德（今属浙江）西部的一段江水。
移舟：划动小船。
泊：停。
烟渚（zhǔ）：指江中雾气笼罩的小沙洲。
野：原野。
旷：空阔远大。
天低树：天幕低垂，好像和树木相连。
月近人：月亮倒映在水里，好像来靠近人。

望洞庭湖赠张丞相

【唐】孟浩然

八月湖水平,涵虚混太清。

气蒸云梦泽,波撼岳阳城。

欲济无舟楫,端居耻圣明。

坐观垂钓者,徒有羡鱼情。

【诗歌背景】

这首诗是孟浩然四十多岁干谒张九龄时写的,委婉地表达了入朝做官的心愿,希望得到张九龄的引荐。孟浩然也确实在张九龄门下做了官,只是一年多之后就离开了。理想和现实总是存在差距,有些事只有亲自尝试过才知道是不是真正适合自己。

涵虚:包含着天空,指倒映在水中。涵:包涵。虚:虚空,空间。
混太清:与天混为一体。清:指天空。
云梦泽:又称"云梦大泽",是中国湖北省江汉平原上的古代湖泊群落的总称。
济:渡。
楫(jí):这里指船。
端居:安居。
耻圣明:有愧于圣明之世。圣明:指太平盛世,古时认为皇帝圣明则社会安定。
徒:只能。

● 自由自在，不惜爽约 ●

　　孟浩然在一首写给张九龄的诗《望洞庭湖赠张丞相》中写道："欲济无舟楫，端居耻圣明。坐观垂钓者，徒有羡鱼情。"意思是自己一直很想做官，却苦于没有机会。

　　这首诗有明显的"干谒"意味，孟浩然的实际情况却不尽然。孟浩然在京城文坛享有很高声望，他的才华在文人圈里是得到认可的。所以他回到襄阳隐居的时候，就有一个叫韩朝宗的人自己找上门来。韩朝宗当时在京城做官，正好从襄阳要回京城，约了孟浩然一起走，准备到京城帮他引荐一下。

　　这本是一个很好的仕途机遇。可孟浩然倒好，到了临走的那一天，还在和朋友们喝酒，还不是小酌，是喝大酒，喝来劲儿了。同席的人问他："孟兄啊，你不是和韩朝宗约好一起去京城吗，怎么不走呀？"孟浩然回答说："业已饮，遑恤他。"意思是，酒喝都喝了，还管那事干嘛。韩朝宗兴冲冲来找孟浩然同行，一看这场面，当然很生气，一走了之。别人好心好意给你创造机会，你却完全不放在心上，以后这样的机会自然也就离你越来越远了，所以说，孟浩然仕途的失意，撇不开自身的原因。

　　不论是面对唐玄宗要躲到床底下，还是临到引荐之时宁可喝酒也不愿同行，我们都能看出孟夫子对建功立业升官发财并没有那么强烈和坚定的信念，写干谒诗，看似追求仕途，可能多半是生活所迫，假使生活还能过得下去，对他来说，闲云野鹤的自在生活那可有意思多了。

这一点还真是得了三百多年前晋人陶渊明的真传。当年四十多岁的陶渊明正当着官,有一天突然觉得做官实在没意思,违背了自己的本心,于是写了一篇辞职信《归去来兮辞》,干脆辞职不干,回家种田去了。

从陶渊明到孟浩然,跨越三百多年,两个人似乎在精神上产生了联结,慢慢也形成了中国文人的一个传统,当官场遇阻的时候,退一步海阔天空,可以退隐山林,沉静到自己的精神世界里不理会外界的纷扰。

王维

王维，字摩诘，山西运城人。其诗名在唐时盛于开元、天宝年间，尤其擅长五言，多咏山水田园，且禅意隽永，余音绕梁，加之王维修佛持戒，故后世对其有"诗佛"之称。

后世对王维诗历来评价颇高，苏东坡说他"诗中有画，画中有诗"，既是对唐诗写法的突破，也是对国画意境的拓展。王维诗的意境与画融合，对意境的拿捏已臻化境，且格调清新高雅，在写景处用情，凝练出活泼的禅意，是后世学诗的标杆。写格律诗，学李白学不像，学杜甫学不到，从学王维入手最为便捷适宜。

王维少年成名，十五岁名动京师，二十岁进士及第，名噪一时。诗书画俱佳且通音律的他，在当时受到达官贵人的追捧，从这一时期的《息夫人》《观猎》等作品中，都能看出他与王公贵族的密切交往，从功名权贵的角度看，二十岁的王维已经达到了许多人一辈子都无法企及的高度，年纪轻轻，已看遍人世繁华。

但政治终究与王维的秉性格格不入。年轻的王维很快便因"黄狮子舞"事件触及了玄宗敏感的神经，从太乐丞被贬为济州司仓参军，随即干脆辞官，漫游吴越去了。这是王维跌宕起伏的人生中第一次较大的挫折,只是从当时诗句来看,他似乎并不太以为意,相反,还有种得解脱的潇洒自在,"人闲桂花落,夜静春山空[1]"。结合他前后的际遇和人生选择,让人不由感慨,每个人到底还是会走到属于自己的那条路上。

漫游吴越期间,王维的结发妻子突然病逝,那年他才三十岁。经历宦海动荡,目睹政治风云,又亲身体悟生命无常,三十岁的王维遍尝人生百味,官场得失也许并非为他所重,但亲人的离世让他不得不静下心来思考人生的意义。

思考人生的意义,本是生而为人最重要也最应当思考的事。可惜凡夫俗子日日蝇营狗苟忙忙碌碌,谁真能静下心想这些不赚钱不管饱的事呢?即便李杜,对人生也是感慨多于思考,而后世理学家们则天天板起面孔讲道理,要说思考人生,就更是不着边际了。但王维的思考,是基于亲眼所见亲身所感,竟似有佛陀悟道的根基。其晚年作品取意自陶元亮,却从元亮句中化出新意,别有一番情致,这大概也得益于摩诘对人生的这层思考吧。

几年后,王维经张九龄提拔,重回官场担任右拾遗,去了趟边疆,回来后似乎时来运转。然而,历史的大潮再次将他裹挟,个体生命在滚滚历史车轮面前微不足道。一场"安史之乱",让大唐国运由盛转衰,也让王维先后做了两次俘虏。

虽然最终李家王朝得以恢复,躲过劫难的王维也幸运地再次回归官场,但历经数次波折,王维对官场、对人生都看得更加透彻,内心的追求也愈发坚定了。身处纷杂官场,心在至简居处,王维过上了半官半隐的生活。

到了晚年,隐居在辋川别业中的王维,在家修行,生活已经简单到了极致，而诗歌创作却达到了前所未有的巅峰。"空山不见人，但闻人语响[2]"，"深林人不知，明月来相照[3]"，"偶然值林叟，谈笑无还期[4]"，他的生活中似乎只有自然景物，和那些偶然相逢的人。"独坐幽篁里，弹琴复长啸[5]"，"兴来每独往，胜事空自知[6]"，在竹林中弹琴长啸，他也丝毫不觉得寂寞，自娱自乐，自得其乐。有许多人一辈子都没能找到自己的初心，而历经人世沧桑的王维，能与自己和解，安妥地度过人生最后的时光，真是莫大的幸福了。

"行到水穷处，坐看云起时[7]"，王维经历过绝境，其实人生何处不是绝境，只是少有人懂得在"水穷处"要抬头看"云起时"。无论世间多少繁华，道路总有尽头，能够找到心之所向，在繁花丛里抬头望去的智慧，有坐看云起的豁达，则一生足矣。

1. 王维《鸟鸣涧》
2. 王维《鹿柴》
3. 王维《竹里馆》
4. 王维《终南别业》
5. 王维《竹里馆》
6、7. 王维《终南别业》

读懂诗人才懂诗

九月九日忆山东兄弟

【唐】王维

独在异乡为异客,

每逢佳节倍思亲。

遥知兄弟登高处,

遍插茱萸少一人。

【诗歌背景】

这首诗是王维十七岁时所写。那时年轻的王维正孤身一人在京城游荡。繁华热闹的京城对游子来说总是他乡,闲来无事就会想家,尤其到了家人团聚的节日,乡愁更是浓得化都化不开。九九重阳节,王维思念着家乡的亲人们,希望亲人们也会想起孤身在外的自己。

九月九:重阳节,又称老人节,有祈求长寿的传统。
山东:不是现在的"山东省",而是指王维的家乡,在今山西永济市,因位于函谷关与华山以东,故称山东。
登高:古代重阳节有登高宴饮、佩茱萸、插菊花等风俗。
茱(zhū)萸(yú):一种常绿带香的植物,古时人们认为重阳节插茱萸可以辟邪。

● 王维的"名"和"字" ●

　　王维，字摩诘。这个字起得有些牵强。我们知道古人的"名"与"字"需有关联，比如诸葛亮，字孔明，孔有"大"的意思，表示程度，"孔明"，就是非常明亮。唐代文学家韩愈，字退之，愈有向前的意思，退之则是向后的意思，名与字含义相反。"退之"语出《论语·先进篇》："求也退，故进之；由也兼人，故退之。"

　　王维的这个字，从佛法取义。佛教讲修行要"出家"，即要离开世俗生活，但也有例外，据《维摩诘经》记载，在佛教发展早期，古印度毗舍离有一个富翁，家财万贯奴婢成群，而此人常怀慈悲，一心向佛，做了居士（不出家的修行人），后经虔诚修行，终于成就佛法，成了"在家菩萨"，他的名字就叫"维摩诘"。

　　王维也是修行人，不过，大概还是割舍不了世俗生活，并未选择落发为僧，而是用一种更倾向于"精神世界"的做法，在家"带发修行"。所以王维就用了"维摩诘"的名号来作为自己的名字，刚巧姓王名维，于是把"维摩诘"的名字硬生生断开，给自己起字"摩诘"。

● 真有能耐才能把握机遇 ●

薛用弱《集异记》中记载："王维右丞，年未弱冠，文章得名，性闲音律，妙能琵琶，游历诸贵之间，尤为岐王之所眷重。"王维不到二十岁，就在京城的达官贵人中颇有盛名，尤其受到唐玄宗弟弟岐王的赏识。（"岐王"就是杜甫诗作《江南逢李龟年》中，"岐王宅里寻常见"的"岐王"。）

不过再有名，要当官还是要走科举的流程。才华横溢的王维信心满满，准备一举夺魁。结果，却听说当年的状元早已内定，是玉真公主推荐的张九皋，当朝宰相张九龄的弟弟。去考注定得不到第一名的试，受惯追捧的王维哪能愿意呢，于是就去找岐王商量。岐王说，这个不能硬来，我来帮你谋划。按照岐王的吩咐，王维回去好好准备了一番，挑了十篇满意的旧诗，谱了一首新的琵琶曲，五天之后又来找岐王。

岐王拿出一身漂亮的衣服让王维穿上，并让他带上琵琶，一起去拜会玉真公主。刚开始，岐王和公主吃饭喝酒，王维就站在边上。不一会儿，玉真公主就注意到了这个和岐王一道来的年轻人，他穿着光鲜，面容俊朗，一表人才。岐王介绍说，这人懂音律，于是命王维弹奏一曲。王维有备而来，演奏了自己新谱的琵琶曲，声调哀切，使满座动容，当然也惊艳了公主。紧接着，岐王又说，这个后生不只精通音律，论写诗词，也没有人能超得过他。读过王维献上的诗作，玉真公主更惊讶了，因为她发现平时一直在读的诗里，原本就有这个年轻人的作品。

岐王趁热打铁，说出了此番的真实意图：公主，像这样的人才，如果能成为今年乡试的第一名，那将是国家的光荣啊。玉真公主打心眼里同意，顺嘴就问岐王，那何不就让他去参加科考呢？岐王说，第一名不是许给张久皋了嘛，这个人拿不到第一，不愿意去考。公主笑了，哎呀，我推荐张久皋本来也是受他人所托。公主回过头对王维说，你愿意考的话，我来帮你推荐，并且马上吩咐给了主考官。于是，王维就这样顶替了张久皋，取得了当年的解元，之后一路飞黄腾达。

有人要说了，这不是走后门嘛？王维确实走了后门，但换个角度看，若是没点真本事，岐王怎么可能大费周章帮他引荐？若没点真才实学，这后门也走不成啊。

现在也是一样，身边的人都在为我们创造条件，而能否真正抓住机会，做出一番成绩，还是要看自己的真本事。只要有能耐，这个机会不行，还有下一个。相反地，有再好的关系，自身能力不足，也不是长久之计。只要有真本事，机会，迟早会有的。

洛阳女儿行

【唐】王维

洛阳女儿对门居，才可颜容十五余。

良人玉勒乘骢马，侍女金盘脍鲤鱼。

画阁朱楼尽相望，红桃绿柳垂檐向。

罗帷送上七香车，宝扇迎归九华帐。

狂夫富贵在青春，意气骄奢剧季伦。

自怜碧玉亲教舞，不惜珊瑚持与人。

春窗曙灭九微火，九微片片飞花琐。

戏罢曾无理曲时，妆成祗是熏香坐。

城中相识尽繁华，日夜经过赵李家。

谁怜越女颜如玉，贫贱江头自浣纱。

王维

【诗歌背景】

　　这首七言歌行体诗是王维少年时的作品。玉勒骢马、金盘鲤鱼、画阁朱楼、七香车、九华帐……全诗从衣食住行等多个方面描画了一位洛阳女子富贵奢华的生活，与最后两句形成鲜明对比：谁来可怜一个漂亮的江南姑娘，贫穷的她独自在江边洗着衣服。富有慈悲心的摩诘，看过人世繁华，但是无论多少富贵过眼，触动诗人心弦的还是生活中素雅淡泊的美。

骢（cōng）马：青白杂毛的马。
脍（kuài）：把鱼、肉切成薄片。
季伦：晋代富豪石崇。
珊瑚：《世说新语·侈汰》记，王恺以晋武帝所赐二尺珊瑚示石崇，崇以铁如意击之。王恺斥之，崇乃命人搬来三四尺高珊瑚六七枝偿还之。
九微：九微灯，是汉武帝供王母使用的灯，这里指平常的灯火。
赵李家：汉成帝的皇后赵飞燕、婕妤李平。这里泛指贵戚之家。

跳舞起风波

年纪轻轻就做了太乐丞，但自古仕途多凶险，王维很快就在官场遭遇了挫折，这第一次危机，是因一场"黄狮子舞"而起。

事情看起来很简单，就是在岐王（唐玄宗的兄弟）的家宴上，伶人们（唱歌跳舞的艺人）表演了一场黄狮子舞。可这就闯祸了，跳一场舞，能闯什么祸呢？要知道，黄色，当时是皇帝专用的颜色，只有贵为九五之尊，才能使用明黄色。比如皇帝给有功之臣赏赐黄马褂，那可是无上的荣耀，其他人要是擅自使用黄色，那就是僭越了，敢穿皇上才能穿的明黄色，你这是也想做皇上了吗？这就等同于谋反，是要掉脑袋的大罪。

所以一场看似简单的黄狮子舞背后，其实有着深厚的政治背景和丰富的政治含义。唐朝开国起，几代皇位之争都十分惨烈，唐玄宗也是铲除了自己的姑姑才登上帝位，因此唐玄宗对于皇族亲属之间的关系非常敏感。

岐王府上演黄狮子舞，这件事无疑就是僭越，皇家内部发生这样的事，往重里说，认为岐王有"不臣之心"也不为过，往轻里说，至少也是一场丑闻。哪怕你岐王只是无意为之，这件事一旦传出来，也会让天下人浮想联翩。所以，这件事必须要处理。但唐玄宗又不想把事情闹大，所以没有严惩岐王，可没有严惩岐王，不代表放任这件事不管，总得有人对这件事负责。王维就成了那个背黑锅的人。

当时，王维担任的官职是太乐丞，负责朝廷礼乐事宜。如果说他对手下的伶人去表演黄狮子舞完全不知情，那不太可能，但让他主动派遣手下去做这件事也不符合他的性格。比较合理的推测是，表演黄狮子舞是岐王的授意，岐王想看，王维和岐王交好，就帮他安排了。但现在出了事，皇上问责下来，如果查出来是岐王授意，那安一个谋反的罪名都不为过。怎么办？干脆王维来顶包，背下了这个黑锅，皇上从轻发落，贬了王维的官，这件事就算不了了之了。

所谓"人在江湖，身不由己"，就是这样的，很多事，一旦开始就无法轻易停止了。美好的愿望很可能一头撞上现实的灰墙，可是就算头破血流，生活还要继续向前。

山居秋暝

【唐】王维

空山新雨后，天气晚来秋。

明月松间照，清泉石上流。

竹喧归浣女，莲动下渔舟。

随意春芳歇，王孙自可留。

【诗歌背景】

　　这首诗是王维隐居终南山下辋川别业时所写，全诗充满了摩诘诗作特有的禅意。"明月"不需要人的关注，自顾自照亮夜晚的松林，"清泉"不需要人的关注，自顾自在石阶上流淌。对隐居的人来说也是一样，不管花开花谢，想留就留，想走就走。中国的隐士，向来是这般潇洒豁达。

暝（míng）：日落，黄昏。
空山：空寂的山野。
新雨：刚刚下过的雨。
浣（huàn）女：洗衣服的姑娘。
随意：任凭。
春芳：春天的花草。
歇：消散，消失。
随意春芳歇，王孙自可留：这句反用淮南小山《招隐士》中"王孙兮归来，山中兮不可以久留"的意思。
王孙：原指贵族子弟，后泛指隐居的人，这里也是自指。

● 诗中有画，画中有诗 ●

王维多才多艺，琴棋书画样样精通，早期以音乐闻名，做太乐丞，掌管朝廷礼乐。虽然最后以诗歌成就最大，被后世称为"诗佛"，但他的书法、绘画都名噪一时。他的《江干雪霁图卷》《辋川图》是世界著名博物馆的重要收藏品。

琴棋书画虽各有分野，好像是并不相关的艺术门类，但艺术从根源上相通，都是对个人情怀的抒发，展现个人的修养和品位。王维的音乐我们听不到了，但他流传至今的画作和诗作，都展现出一种古朴淡雅超然世外的雅致和淡泊。后人学写格律诗，学不来李白的天才和洒脱，学不好杜甫的沉郁顿挫，从学王维入手，往往能窥得格律诗的妙处。

诗歌不同于散文，散文讲究形散而神聚，诗歌却以凝练隽永为佳。王维的绝句往往营造出恬淡悠然的意境，是很有"诗意"的表达。而王维的山水画也同样呈现出这样的"诗意"。唐宋以后，山水画占据了中国"文人画"的半壁江山，这些山水文人画，大都受了王维的影响。明朝山水画名家董其昌称王维是"南宗画之祖"。

以诗歌写山水，书写出文人画的意境；以水墨描绘山水，描画出文字的诗意，诗与画，在王维身上完美地融合到了一起。北宋时期同样诗书画俱佳的著名文人苏东坡曾在王维的画作《蓝田烟雨图》上题跋："味摩诘之诗，诗中有画；观摩诘之画，画中有诗。"的确，王维的画很有诗意，王维的诗，很有画面感。"诗中有画，画中有诗"，也成了后世对王维艺术表现手法的公认评价。所以读王维的诗，不妨闭上眼睛，去想象文字所呈现的淡雅画面。

其实何止诗与画可以相通相融，书法和绘画在中国艺术中也是同根同源。再推演出去，人世间的道理也与之相似，是可以融会贯通、一通百通的。

使至塞上

【唐】王维

单车欲问边，属国过居延。

征蓬出汉塞，归雁入胡天。

大漠孤烟直，长河落日圆。

萧关逢候骑，都护在燕然。

【诗歌背景】

　　王维担任右拾遗后，奉命出使塞上，去慰问前线将士，这是他刚到边塞时写的一首诗。王维孤身单骑，跑了老远来到荒凉的边塞，也没碰到镇守的都护，隐隐有些不满。眼前的景色荒芜，诗人的内心更荒芜。

属国：一指诗人自己，一指周边国家。这里理解为诗人自己，但据后人考证，王维此次出塞并没有经过居延，故此处尚存争议。
居延：地名，泛指边疆之地。
萧关：古关名。
候骑：负责侦察、通讯的骑兵。
都护：唐朝在西北边疆设置安西、安北、安东、安南、单于、北庭六大都护府，其长官称都护。
燕然：古山名。

送元二使安西

【唐】王维

渭城朝雨浥轻尘，

客舍青青柳色新。

劝君更尽一杯酒，

西出阳关无故人。

【诗歌背景】

在一个刚下过雨、清新湿润的早上，王维送别朋友去遥远的西北边疆。他亲身到过边塞，深知边塞生活的苦闷与寂寞。朋友，再多喝一杯酒吧，到了边塞就见不到老朋友了，但愿多一点温暖的回忆陪伴左右。

这首诗的别名又叫《渭城曲》《阳关三叠》。
安西：指安西都护府，是唐朝管理西域的一个军政机构，治所在龟（qiū）兹（cí），也就是今天新疆的库车。
渭城：在今陕西省西安市西北，即秦代咸阳所在地。
浥（yì）：润湿。
阳关：在今甘肃省敦煌西南，为古代通西域的要道。
故人：老朋友。

● 两次做俘虏 ●

因"黄狮子舞"被贬官,是王维仕途中的第一次挫折,却不是唯一一次。被贬济州司仓参军后,王维意兴阑珊,后来干脆辞了职,几年后经张九龄提拔,王维重出江湖,从右拾遗干起,又顺风顺水做到五品给(jǐ)事中。不得不说,王维是颇有一番混迹官场的能耐的。而重回官场的他一定想不到,自己后来会成为俘虏,而且是两次。

安史之乱爆发,都城长安沦陷,唐玄宗落荒而逃。王维没来得及逃跑,被安禄山史思明的叛军抓获,这就做了第一回俘虏。因为王维的官职和才华,叛军非但没有对他不利,反倒把他接到洛阳,请他继续在叛军里做官。

以王维的性格,能求得安稳大体就可以满足,所以被叛军抓获之后,并没有发生要玉石俱焚以身殉国的一幕。不过,身在叛军营中的王维写了一首《凝碧池》:"万户伤心生野烟,百官何日更朝天。秋槐叶落空宫里,凝碧池头奏管弦。"意思是我身在叛军,非常无奈,实际心中忠于李唐王朝,一心想回到过去的生活。

几年以后,安史之乱平息,唐肃宗李亨重掌大权,身为叛军官员的王维再次成了俘虏。平叛之后,自然免不了要做一番清算。王维的行为往重里说,称得上是"叛国",这理应又是杀头的罪名。不过,万幸的是,王维的那首《凝碧池》救了他。

在这首诗中,王维表白了自己的心迹:"投降叛军还继续做官,这是人在江湖身不由己,我心所想还是李唐王朝。"这让唐肃宗稍感宽慰,加上王维的弟弟王缙(当时已经是刑部侍郎)出面以自己的功名官位为哥哥做担保,王维总算又逃过一劫。

　　王维经历过这些打击后,感觉自己仿佛是一叶扁舟,随宦海沉浮,潮起潮落,完全身不由己。动不动就危及生命,官做得再大又有什么意思呢?此后他渐渐淡出,一面参禅修佛,一面开始了后半生的隐居生涯。

鹿　柴

【唐】王维

空山不见人，

但闻人语响。

返景入深林，

复照青苔上。

【诗歌背景】

　　鹿柴（zhài）是王维辋川别业中的一处景点，可能是养鹿的地方。这首诗写于安史之乱之后，此时的王维正半官半隐，走过五十多年的人生，经历了官场上的跌宕起伏，当诗人身处如此质朴的景色中时，他又在想些什么呢？

柴（zhài）：通"寨"，栅栏、篱笆。此为地名。
但：只。
闻：听见。
景（yǐng）：同"影"，影子。

王维

竹里馆

【唐】王维

独坐幽篁里，

弹琴复长啸。

深林人不知，

明月来相照。

【诗歌背景】

　　这首诗是王维晚年隐居时所写。竹里馆就是被竹子包围的房子，指诗人的辋川别业。独坐、弹琴、长啸……这些就是诗人日常的生活，此时的他心如止水，不问世事，在深林中有明月相伴足矣。也许只有内心足够强大的人才能适应这样的生活状态吧。

幽篁（huáng）：幽深的竹林。
长啸：撮（cuō）口而呼，类似打口哨，这里指吟咏、歌唱。古代一些超逸之士常用此抒发感情。
深林：指"幽篁"。

终南别业

【唐】王维

中岁颇好道，晚家南山陲。

兴来每独往，胜事空自知。

行到水穷处，坐看云起时。

偶然值林叟，谈笑无还期。

【诗歌背景】

这是王维写自己隐居生活的一首诗。"行到水穷处，坐看云起时。"看似写景，其实写的也是人生状态，当你以为走到人生绝境的时候，说不定换个角度，拐一个弯，一片全新的天地正等待着你。而"坐看云起"又有一种淡然超脱的意味。

中岁：中年。
好（hào）：喜欢。
道：这里指佛教。
家：安家。
南山：即终南山。
陲（chuí）：边缘。
胜事：美好的事。
值：遇到。
叟（sǒu）：老翁。
还期：归期，回家的时间。

● 辋川别业二十景 ●

　　辋川别业位于今陕西省蓝田县西南，这个居所本是唐朝诗人宋之问的，后被王维买下，重新加以构筑点缀、精心营建，王维晚年便隐居于此。

　　据《旧唐书》记载，王维与他共同修行的道友裴迪时常在辋川别业"弹琴赋诗，啸咏终日"，他们俩各自为辋川别业中的二十处景点赋五言诗一首，四十首诗集结成为《辋川集》，流传下来。我们所熟悉的《鹿柴》《竹里馆》等，都是辋川别业中的景点名称。

　　辋川别业的二十处景点分别为：

　　孟城坳、华子冈（也作华子岗）、文杏馆、斤竹岭、鹿柴、木兰柴、茱萸沜、宫槐陌、临湖亭、南垞、欹湖、柳浪、栾家濑、金屑泉、白石滩、北垞、竹里馆、辛夷坞、漆园、椒园。

　　另外，王维曾在清源寺作有壁画《辋川图》，将二十处景点一一呈现，把群山怀抱之中古朴端庄、错落有致、清新脱俗的辋川别业表现得淋漓尽致。只可惜，《辋川图》真迹已随清源寺的破毁而消亡，只有摹本存世，辋川别业也早已不复存在。现在唯一留存下来的就是一棵传说由王维亲手栽下的银杏树，到今天，它已经是一棵千年古树了。

　　虽然辋川别业已踪迹难寻，但是诗人留下的故事、传下的诗文与画作足以让我们每个人在心中描画出一个"诗中有画，画中有诗"的才子形象。

李白

李白,字太白,号青莲居士、谪仙人。一生岁月半世浪荡,俨然江湖儿女。

以现有史料看,李白于1300多年前,出生在西域碎叶城,千年过去,曾经的西域重镇,如今落在吉尔吉斯斯坦境内。许是上天眷顾,幼年的李白即才情过人,"五岁诵六甲,十岁观百家[1]"——即便天才,也要饱读诗书,古来如此。

说到才华,有些人写诗要"苦吟","两句三年得[2]"。李白简直是张口就来,而且气魄瑰丽动人,用杜甫的话说:"笔落惊风雨,诗成泣鬼神[3]。"这就不只是饱读诗书了,简直可谓"通天之才"。

这份天才,化作浪漫洒脱,宛如从天界堕入凡间的"谪仙人"。"五岳寻仙不辞远,一生好入名山游[4]",在那个除了双腿,交通工具只有马和船的年代,李白也真是顽皮得坐不住,年纪轻轻就游历了大半个中国:

"孤帆远影碧空尽,唯见长江天际流[5]",这是沿着长江顺流而下;

"西岳峥嵘何壮哉,黄河如丝天际来[6]",这又顺着黄河溯流

而上;

"飞流直下三千尺,疑是银河落九天[7]",名山大川都走遍,奇诡壮丽收眼底,江湖风光在江湖儿女笔下,幻化成诗篇,千古传唱。

才高而浪漫者,内心深处往往是蔑视权贵的,所以李白"天子呼来不上船,自称臣是酒中仙[8]",天生干不了"摧眉折腰事权贵[9]"的事。所以他能上天子门庭,却终不能被权贵豢养,反倒"能使力士脱靴,贵妃捧砚[10]"。官儿可以不做,酒不能不喝——这份浪漫洒脱,上承陶元亮(陶渊明)下接王元章(王冕),隐隐成了中国文人的精神脉络。

洒脱如李白,也有愁绪种种。现实与理想的落差总让人落寞愤懑,所以李白也会"借酒销愁[11]"可惜"愁更愁[12]"。但他万不会一蹶不振,酒醒后还是一条好汉,照样仗剑走天涯。喜剑术,爱道教,还热衷于交朋友:

"十里桃花,万家酒店[13]"——被汪伦骗了去,照样乐呵呵写诗饮酒;

"醉眠秋共被,携手日同行[14]"——哪怕是赐金放还,也照样跟杜甫、高适喝酒游梁宋,还钻一个被窝。

所以李白代表了一种盛唐气象:青春勃发、激情四射、阳光灿烂,往好处看,不忧愁、不焦虑、不挂怀。同一轮明月在天银光泻地,纳兰性德是"懊恼隔帘幽梦,半床花月纵横[15]",李白就可以"举杯邀明月,对影成三人[16]"。他热情、蓬勃。盛世年华,血脉偾张。

李白在世之时,未能功成名就得偿所愿,但千年之后,"诗仙"

名号家喻户晓，"古来圣贤皆寂寞，唯有饮者留其名[17]"，李白是不想做什么圣贤的，他是盛世里一个顽皮的孩童，热情高涨地游戏人间。写到这里，耳边似乎响起李白离家赴京时的呼喊："仰天大笑出门去，我辈岂是蓬蒿人[18]！"

还是余光中先生写得好："酒入豪肠，七分酿成了月光，余下的三分，啸成剑气，绣口一吐就半个盛唐。"盛世气象，能以这三分剑气口吐莲花，千年以降，大概也只有李白一人罢了。

1. 李白《上安州裴长史书》
2. 贾岛《题诗后》
3. 杜甫《寄李太白二十韵》
4. 李白《庐山谣寄卢侍御虚舟》
5. 李白《黄鹤楼送孟浩然之广陵》
6. 李白《西岳云台歌送丹丘子》
7. 李白《望庐山瀑布》
8. 杜甫《饮中八仙歌》
9. 李白《梦游天姥吟留别》
10. 李调元题江油太白祠对联："豪气压群雄，能使力士脱靴，贵妃捧砚；仙才媲众美，不让参军俊逸，开府清新。"
11、12. 李白《宣州谢朓楼饯别校书叔云》
13. 指《赠汪伦》背后的故事
14. 李白《与李十二白同寻范十隐居》
15. 纳兰性德《清平乐·孤花片叶》
16. 李白《月下独酌》
17. 李白《将进酒》
18. 李白《南陵别儿童入京》

● 李白的出生地 ●

公元701年，诗仙李白出生在一个叫"碎叶城"的地方，碎叶城位于今天的吉尔吉斯斯坦境内，托克马克城附近。看到这里，可能有人要问了，吉尔吉斯斯坦？那李白还是中国人吗？

吉尔吉斯斯坦现在是中亚的一个国家，不过这个国家的历史非常短，是在1991年才成立的。所以，如果放在今天，出生在吉尔吉斯斯坦的李白，的确就不能算是中国人了。

不过，放在唐朝，情况可就不一样了。唐朝时中国的版图往西已经和波斯（就是今天以伊朗为中心的中东一带）接壤了，所以唐朝时的碎叶城，确确实实是大唐疆域的一部分，所以放在唐朝，李白是地地道道的中国人。

话说回来，李白怎么会出生在那么远的地方呢？史料上记载，李白的父亲"潜还广汉，因侨为郡人"，意思是，李白的老爸逃回（潜还）广汉，应该就是从碎叶城逃回到今天的四川（广汉在四川）一带。"潜"字很说明问题，要么是犯了事，要么是欠人钱，反正他是偷偷回来的。所以有一种说法，李白的父亲做生意欠了不少钱，后来为了躲债，就带着妻儿老小，一路躲到碎叶城去了，于是李白就出生在这个名字和环境都颇有异域风情的地方了。

而碎叶城，也不是一个名不见经传的小地方，这座城市很有历史渊源。首先，它和龟兹、疏勒、于阗三城并称为唐代"安西四镇"，它也是唐朝丝绸之路上非常重要的一个中转站。丝绸之路是汉武帝时期，张骞出使西域开辟出来的一条道路，从我们现在的陕西省西安市一路向西，经过河西走廊，一直到达西域波斯。这条路是古中国与西方贸易和文化往来极其重要的一条生命线。汉朝的时候，丝绸之路主要用来运输丝绸，丝绸是我国的特产，汉朝人从蚕茧中抽出蚕丝，制成丝绸，通过丝绸之路运到波斯去卖掉。可以想象，唐代的碎叶城，应该是一个繁华的地方，做生意的人你来我往，从五湖四海汇集于此，交通也应该非常便利。

不仅如此，唐僧去天竺（今天的印度）取经的途中，还曾路过碎叶城，在玄奘法师（唐僧俗姓陈，名叫陈祎，出家后法名玄奘）的《大唐西域记》中就曾记载过他在碎叶城的见闻。

如今，经过1000多年的风吹沙打，雨水冲刷，这座饱经风霜的唐代古城已经成了残垣断壁，但是文化的传承力量远比建筑一座城池的砖瓦更强大，碎叶城虽然已经消失，但出生在碎叶城的李白和他的作品却传承至今，成为中国文化中瑰丽奇幻的一页。

峨眉山月歌

【唐】李白

峨眉山月半轮秋，

影入平羌江水流。

夜发清溪向三峡，

思君不见下渝州。

【诗歌背景】

  李白十几岁时游历四方行走天下，这首诗就写在他寻仙访道的路途中。对"山"称"君"，如见故友，诗人在描写峨眉山美丽夜景的同时，也充满了远行的期待和隐隐的不舍。

峨眉山：在今四川峨眉县西南。
半轮秋：半圆的秋月。
影：月亮的影子。
平羌：即青衣江，在峨眉山东北。
发：出发。
清溪：指清溪驿，属四川犍(qián)为县，在峨眉山附近。
下：顺流而下。
渝州：今重庆市。

望天门山

【唐】李白

天门中断楚江开，

碧水东流至此回。

两岸青山相对出，

孤帆一片日边来。

【诗歌背景】

写下这首诗时，二十四岁的李白正在四方游历。行至天门山，被眼前壮丽的山河打动，山门打开，群山渐次后退，恰如值得期许的未来，正缓缓在诗人面前展开。

天门山：位于安徽和县与当涂县之间，耸立于长江两岸，在江北的叫西梁山，在江南的叫东梁山。两山隔着长江遥遥相对，如同天设的门户，合称天门山。
中断：指江水从中间隔断两山。
楚江：即长江。因这一段江水流经旧时楚地，故称楚江。

李白

黄鹤楼送孟浩然之广陵

【唐】李白

故人西辞黄鹤楼,

烟花三月下扬州。

孤帆远影碧空尽,

唯见长江天际流。

【诗歌背景】

　　二十八岁的李太白,在黄鹤楼与忘年交孟浩然依依惜别。人生的聚散总是如此,短暂的相会后踏上各自的旅程,留下一个孤独的背影,在怅然若失的目光中,渐行渐远,直到消失不见。

西辞:向着西边辞别。
黄鹤楼:在今湖北武汉市蛇山之上,下临长江,相传仙人子安乘黄鹤过此,故名。原楼始建于三国,几经废毁,今楼为20世纪80年代中期重建。
烟花:山花烂漫,水汽朦胧,形容春天之美。

赠汪伦

【唐】李白

李白乘舟将欲行,

忽闻岸上踏歌声。

桃花潭水深千尺,

不及汪伦送我情。

【诗歌背景】

　　这是太白五十多岁时,拜访朋友汪伦,临走时写下的一首送别诗。虽是被汪伦用"十里桃花万家酒店""骗"到此处,可悠悠桃花潭水,还是饱含着好友深情,临别时的这首诗,也成了文坛佳话。

桃花潭:在今安徽泾县西南。

● 十里桃花万家酒店 ●

　　清代袁枚的《随园诗话》中记载了李白和汪伦之间一个有趣的故事。

　　汪伦是唐朝天宝年间安徽泾县的一名豪士，家庭条件不错，也很喜欢结交文人。李白作为唐朝文化圈响当当的人物，自然也是汪伦渴望结交的对象。

　　有一次，正赶上李白南下，住在安徽南陵的叔父家中，汪伦听到这个消息后，欣喜万分，赶紧写了封信给李白，邀请他过来玩。

　　李白是一个云游四海，放浪不羁的人，他和汪伦也没接触过，会因为一封信就赴约吗？汪伦的心里也没底，于是，他在这封信上好好花了一番心思。

　　这封信是这样写的："先生好游乎？此地有十里桃花。先生好饮乎？此地有万家酒店。"李白收到信，他是这么理解的：李先生你喜欢游玩吗？我们这里景色非常美，桃花连成片，连着十里地都是桃花。李先生你喜欢喝酒吗？我们这里酒店非常多，总共能有上万家酒店。这样的诱惑让爱玩又爱酒的李白如何能够拒绝呢？拿着信兴冲冲地就到泾县去见汪伦了。

　　李白一见到汪伦就问："啊呀，你这边的十里桃花在哪里呢？万家酒店又在哪里呢？赶紧带我去呀！"汪伦笑着回答李白："哈哈，太白先生啊，大概是您搞错了。我们这儿没有桃花，也没有那么多酒店啊。""啊？这是什么情况？"李白大惑不解。汪伦这才慢悠悠地解释道："这信里写的'桃花'，不是桃花，是潭水的名字,咱们这地方没有桃花,但是有一条河,叫桃花潭,桃花潭有十里那么长,所以叫'十里桃花'。这儿呢,也没有一万家酒店,但是有一家很棒的酒店,老板姓万,万老板开的酒店,当然就叫'万家酒店'啦!"

闹了半天,原来汪伦是用了个文字游戏,把李白给忽悠来了啊!李白倒也不生气,听了之后哈哈大笑,既来之则安之,来都来了,就喝酒吃饭看看美景,也不算白来。

这样淡然洒脱的友情,真是让人羡慕不已啊!

行路难

【唐】李白

金樽清酒斗十千,玉盘珍羞直万钱。

停杯投箸不能食,拔剑四顾心茫然。

欲渡黄河冰塞川,将登太行雪满山。

闲来垂钓碧溪上,忽复乘舟梦日边。

行路难!行路难!多歧路,今安在?

长风破浪会有时,直挂云帆济沧海。

【诗歌背景】

　　三十二岁还做官无门,在长安城里蹉跎岁月的李太白写下了三首《行路难》,这是其中的第一首。诗中满是真情流露,虽然前路充满险阻,心中也有茫然,但诗人从未放弃对未来的憧憬。即使面前有再多的困难,也不妨碍他梦想像姜太公和伊尹那样,辅佐君王成就一番伟大的事业。

樽（zūn）：古代盛酒的器具。

斗十千：一斗值十千钱（即万钱），形容清酒价格昂贵。

玉盘：精美的食具。

珍羞：珍贵的菜肴。羞：通"馐"，美食。

直：通"值"，价值。

投箸：丢下筷子。

太行：太行山，位于河北平原和山西高原之间，跨越北京市、河北省、山西省、河南省四省市，是中国的重要山脉和地理分界线。

闲来垂钓碧溪上：姜太公吕尚曾在渭水的磻溪上钓鱼，得遇周文王，助周灭商。

忽复乘舟梦日边：伊尹曾梦见自己乘船从日月旁边经过，后被商汤聘请，助商灭夏。

忽复：忽然又。

歧路：岔路。

安：哪里。

云帆：高高的船帆。

济：渡。

清平调

【唐】李白

云想衣裳花想容,

春风拂槛露华浓。

若非群玉山头见,

会向瑶台月下逢。

【诗歌背景】

写这首诗的时候李白正在唐玄宗身边做官。在皇上身边,大多是为了皇家的宴请、游玩等写诗助兴,这首诗就是李白为唐玄宗和杨贵妃观赏牡丹时所写,借艳丽的牡丹花狠狠地夸赞了一番杨贵妃的倾城容颜。

槛(jiàn):栏杆。
群玉山:传说为西王母所居处。
瑶台:神仙居住的地方。

绝世之恋

唐明皇和杨玉环的爱情故事，在中国传颂了一千多年。这个故事从它的起因到发展再到最后的结局，简直就是一部传奇的戏剧，读这段历史，恍如读一本跌宕起伏的小说，让人唏嘘扼腕的同时也不由感慨，小说再精彩，也不如生活精彩。

遇到杨玉环之前，唐玄宗可以说是一位雄才大略壮志凌云的好皇帝，不论是在政治斗争的漩涡中，还是在治国理政的实践里，他前半生的表现都可圈可点，但杨玉环的突然登场，让一切发生了转变。

依照常理，身为皇上，唐玄宗坐拥后宫佳丽三千人，哪可能对其中一位女子情有独钟到不可自拔的地步？但爱情是没有道理的，甚至很多时候，爱情是丧失理智的，唐玄宗在见到杨玉环之后的神魂颠倒，到了让后人无法理喻的程度。纵然有后宫佳丽三千人，奈何他"三千宠爱在一身"。从此之后，唐玄宗的心思就不在治国上了，以至于让白居易发出了"从此君王不早朝"的感叹。爱情，究竟有着怎样的魔力？把一个人到中年的皇帝，变得如此忘乎所以，可以把江山社稷都抛在脑后？

但世事不遂人愿，再感天动地的海誓山盟，也没法让唐明皇和杨玉环厮守终生。如果说莎士比亚笔下罗密欧和朱丽叶的悲剧是因为家庭门第和年轻人的冲动造成的，那么唐明皇和杨玉环的悲剧，就是一个说不出原因的必然结局。怪唐明皇不该爱上杨玉环，还是怨唐明皇不该做这个皇帝？恨安禄山不该在这时候造反，还是怪政治太冷酷，不该让一个柔弱女子承受所有的罪责？他们的悲剧，似乎找不到一个应该为此负责的人，好像从头至尾，是老天注定了它的悲剧底色。悲剧，是把美好的东西破坏给人看。杨玉环是美的，唐明皇也曾足够好，但电光石火的结合，却引发了宫廷的剧变，政治的灾难，最后无可挽回地成了两个人宿命的悲惨结局。

白居易后来写《长恨歌》时，这出比文学作品更精彩的戏剧已经尘埃落定，曾经的宫廷秘闻，变成了民间传唱的八卦故事，徒留"此恨绵绵无绝期"的哀叹。而李白是曾目睹了这场宫廷爱情悲喜的，他见过唐明皇在杨玉环的陪伴下饮酒作乐，嬉笑欢情，目睹了璀璨的爱情之花在宫廷政治的阴霾下盛放。他在《清平调》里描摹了杨玉环惊天动地的美（云想衣裳花想容，春风拂槛露华浓），他看到了故事的开头，却一定猜不到故事的结局。他不会料到，这般美丽的容颜，最后竟会在马嵬坡，用那样凄婉的方式凋零。

这就是历史给我们开的玩笑吧。

（关于杨玉环的更多故事，以及唐朝历史中的各类事件，可以在平哥的《平说历史·盛世大唐》中收听。）

将进酒

【唐】李白

君不见黄河之水天上来,奔流到海不复回。

君不见高堂明镜悲白发,朝如青丝暮成雪。

人生得意须尽欢,莫使金樽空对月。

天生我材必有用,千金散尽还复来。

烹羊宰牛且为乐,会须一饮三百杯。

岑夫子,丹丘生,将进酒,杯莫停。

与君歌一曲,请君为我倾耳听。

钟鼓馔玉不足贵,但愿长醉不复醒。

古来圣贤皆寂寞,惟有饮者留其名。

陈王昔时宴平乐,斗酒十千恣欢谑。

主人何为言少钱,径须沽取对君酌。

五花马,千金裘,呼儿将出换美酒,与尔同销万古愁。

李白

【诗歌背景】

李白四十多岁供奉翰林,在皇上身边做官不过两年就被"赐金放还",离开长安后的李白百感交集,写下了这首诗。想到时光易逝,机会不再,诗人难免有些后悔与自责,邀上好友举杯消愁,试图忘却世间纷扰。尽管遭遇如此挫折,但诗人"天生我材必有用"的豪情依旧壮志不改。

将进酒:乐府旧题。将(qiāng):请。
天上来:黄河发源于青藏高原,那里地势极高,站在下游看就有天上来的感觉。
高堂:房屋的正室厅堂。
青丝:黑头发。
会须:正应当。
岑夫子:岑勋。李白的好友。
丹丘生:元丹丘。李白的好友。
与君:给你们。
钟鼓:富贵人家宴会中奏乐使用的乐器。
馔(zhuàn)玉:形容食物如玉一样精美。
陈王:指陈思王曹植。
平乐:观名。在洛阳西门外,为汉代富豪显贵的娱乐场所。
恣:纵情任意。
谑(xuè):尽情地游乐。
径须:只管。
沽:买。

● 力士脱靴 ●

经贺知章和玉真公主的推荐，四十多岁的李白终于得以进宫觐见皇上。一般大臣见皇上，都是皇上坐在龙椅上，大臣拱着手弯着腰在下面说话，而李白这次进宫，唐玄宗亲自出门迎接，足见对他的喜爱。对皇上提出的问题，李白对答如流，于是很顺利地被任命为翰林供奉，到翰林院任职。

好不容易当上官的李白还是保持着一贯放浪不羁的风格，没有丝毫收敛。在翰林院工作的时候居然常常喝酒喝得东倒西歪，醉得一塌糊涂，时常被人抬着到皇帝面前去作诗。见到李白烂醉如泥的样子，唐玄宗倒也不恼怒，命人给他喝点水，醒醒酒就叫他起来写诗。可见那个时期，唐玄宗对李白还是非常宠爱，高度容忍的。

得到皇上的器重，李白更是我行我素，不把其他人放在眼里，这看似自由潇洒无拘无束的日子，其实危机就潜伏其中。

有一次，李白又喝得酩酊大醉，被唐玄宗召唤去写诗，好不容易被人拖着拽着拉了过去，到了皇上身边还借着酒劲撒起野来。他把脚一抬，对旁边的高力士说，来，把我这靴子给脱了。高力士可是唐玄宗身边得势的红人，皇帝对李白只是赏识，但对高力士却是信任和依赖。李白这样的才子好找，但值得信任的人难觅，这种信任是经年累月长期积累下来的。高力士也确实是个人精，这事发生的时候唐玄宗就在看着，高力士什么都没说，就把李白的靴子脱了。他虽然嘴上不说，心里这仇可是记下了。以他的身份，要对付区区一个李白，那还不是易如反掌？当年引荐李白的贺知章和玉真公主，一个年事已高，一个虽是皇上的妹妹也没什么实权，李白根本就不是高力士的对手。

　　果然，不过短短两年，李白就离开了皇宫，被唐玄宗"赐金放还"，给点钱，打发走了。从春风得意到落魄离开，这里面一定有多方面的因素。一来唐玄宗慢慢对他失去了兴趣，整天吃喝玩耍吟诗作乐，毕竟只是一时兴起，不是长久之计；二来有高力士这样的人在唐玄宗耳边煽风点火，又没有什么人帮李白说话，日子久了，李白在宫廷之中断然是混不下去的。性格决定命运，李白的性格无拘无束，放浪形骸，完全不适合做一个官场中人。

宣州谢朓楼饯别校书叔云

【唐】李白

弃我去者,昨日之日不可留;

乱我心者,今日之日多烦忧。

长风万里送秋雁,对此可以酣高楼。

蓬莱文章建安骨,中间小谢又清发。

俱怀逸兴壮思飞,欲上青天揽明月。

抽刀断水水更流,举杯销愁愁更愁。

人生在世不称意,明朝散发弄扁舟。

【诗歌背景】

被"赐金放还"后,李白再次开始游历四方,这首诗是行至宣州时所写。虽然还是怀有"逸兴"和"壮思"的那个李白,但是时光一去不复返,年近五十的诗人看不到前路的希望,心中满是无奈。

宣州：今安徽宣城一带。
谢朓（tiǎo）楼：又名北楼、谢公楼，在陵阳山上，是南齐诗人谢朓任宣城太守时所建，并改名为叠嶂楼。李白曾多次登临，并且写过一首《秋登宣城谢朓北楼》。
校（jiào）书：官名，即秘书省校书郎，掌管朝廷的图书整理工作。
叔云：李白的叔叔李云。
长风：大风。
酣（hān）：畅饮。
蓬莱文章：这里指李云的文章。蓬莱本是传说中的仙山，多藏宝典秘录，东汉时人们称国家藏书处为蓬莱山。
建安骨：指刚健遒劲的诗文风格。东汉建安时期，"三曹"（曹操、曹丕、曹植）"七子"（孔融、陈琳、王粲、徐干、阮瑀、应场、刘桢）所写诗文内容充实，语言质朴，风格刚健，后人称之为"建安风骨"。
小谢：指谢朓，字玄晖，南朝齐诗人。后人将谢灵运和他并称为大谢、小谢。
清发：清新秀丽的诗风。
逸兴：飘逸豪放的兴致，多指山水游兴。
壮思：雄心壮志。
销：通"消"。
称（chèn）意：称心如意。
明朝：明天。
散发：去冠披发，这里指隐居不仕。古代做官是要束发戴帽子的，老百姓就无所谓戴不戴帽子了。
弄扁（piān）舟：乘小船归隐江湖。

独坐敬亭山

【唐】李白

众鸟高飞尽,

孤云独去闲。

相看两不厌,

只有敬亭山。

【诗歌背景】

这首诗是李白在五十多岁的时候写的,当时的他回归了平民的身份。来到宣州,看到孤独飘荡的云朵和独自矗立的敬亭山,诗人不禁与之"共鸣":没人搭理,就和敬亭山互相做个伴吧。短短20个字,落寞之情跃然纸上。

敬亭山:在今安徽宣城市北。中国历代吟颂敬亭山的诗、文、词、画达千数,被称为"江南诗山"。
尽:没有了。
孤云:孤独的云朵。陶渊明《咏贫士诗》中有"孤云独无依"的句子。
两:指诗人和敬亭山。
厌:满足。

●宣城与徽文化●

李白一生游历了大半个中国，许多地方因他而为大众所知晓，宣州，即今天的安徽宣城，就是其中之一。

李白与宣州颇有一番渊源，五十多岁到六十多岁，十年间李白去了宣州七次，总共留下了五十余首诗，如《独坐敬亭山》《赠汪伦》《宣州谢朓楼饯别校书叔云》《哭宣城善酿纪叟》等都写于宣州。

作为徽州文化中非常有代表性的区域，宣城地区有许多自古传承的文化特色。宣城地区的手工艺，尤其是文房四宝的制作工艺，全国闻名。

首先是徽墨。外行人看热闹，内行看门道，我们看起来普普通通的一块墨，其实大有讲究。墨色能否在纸上沉淀足够长的时间而不褪色，色泽是否饱满黑润，光洁色泽能维持多久，都是判断墨品质的重要标准。普通的墨汁不是太浓稠，就是太稀薄，真正好的墨是要用固体的墨块蘸水磨出来的。唐代时，为了躲避安史之乱，大量北方的墨工纷纷南迁，导致全国的制墨中心南移。明代中期以后，徽州地区成为全国制墨业的中心。如今，安徽省黄山市、宣城市的特产徽墨，是国家地理标志保护产品，成为徽州文化的重要代表。

有墨，还有笔。宣城地区出产的毛笔，历史更加悠久。据记载，秦朝时宣州泾县就已经开始制作宣笔了。宣笔享有"中国四大名笔之一"的美誉，宣笔的制作不仅精于选料，更注重工艺，其制作技艺被列入国家级非物质文化遗产名录。

宣城泾县的宣纸更是名扬海内外，有质地绵韧、光洁如玉、不蛀不腐、墨韵万变等特点，是中国传统书画创作离不开的艺术瑰宝。唐天宝年间，在全国各地运到京城长安的进贡之物中，宣城郡进贡的就是"纸、笔"等贡品。好的宣纸要经过一百多道工序制作而成，对匠人的工艺水准要求极高，很多时候是有钱也买不到的。

1300多年前，李白到过宣州，饱览过那里的美景，结交过那里的朋友，经历了许多事，留下了许多诗。如今，他诗中的敬亭山、谢朓楼都还挺立在那里。找个时间，带上李白的诗歌和故事，去他曾经走过的地方看看吧！

登金陵凤凰台

【唐】李白

凤凰台上凤凰游,凤去台空江自流。

吴宫花草埋幽径,晋代衣冠成古丘。

三山半落青天外,二水中分白鹭洲。

总为浮云能蔽日,长安不见使人愁。

【诗歌背景】

这是太白的一首登临怀古之作,据说是在夸赞了崔颢的《黄鹤楼》之后所作。回望历史,六朝的繁华好像飞走的凤凰一样,在岁月中烟消云散;而眼下,小人当道,自己的一片报国赤诚之心无用武之地,诗人心绪怅惘,伤感无奈。

凤凰台:在金陵凤凰山上。
江:长江。
吴宫:三国时孙吴曾于金陵建都筑宫。
晋代:指东晋,南渡后也建都于金陵。
三山:山名。
二水:一作"一水"。指秦淮河流经南京后,西入长江,被横截其间的白鹭洲分为两支。
白鹭洲:古代长江中的沙洲,洲上多集白鹭,故得此名。白鹭洲今已与陆地相连,位于今南京市江东门外。
浮云蔽日:比喻奸臣当道障蔽贤良。西汉政治家陆贾《新语·慎微篇》:"邪臣之蔽贤,犹浮云之障日月也。"日:一语双关,古代把太阳看作是帝王的象征。
长安:这里用京城指代朝廷和皇帝。

早发白帝城

【唐】李白

朝辞白帝彩云间,

千里江陵一日还。

两岸猿声啼不住,

轻舟已过万重山。

【诗歌背景】

　　因参与永王叛乱,五十七岁的李太白被判流放四川夜郎,在去夜郎的途中,却又恰逢唐肃宗大赦天下。没想到这么快又可以回家了,再次获得自由的太白写下了这首诗,轻松的心情好似那一叶轻舟飞快地朝家的方向驶去。

白帝城:故址在今重庆市奉节县东面的白帝山上。传说公孙述在殿前的井内曾看到有白龙跃出,所以称为"白帝",居住之城则被称为"白帝城",城下之山为"白帝山"。
江陵:今湖北江陵县。

● 诗仙之死 ●

关于李白之死，历史上流传着好几种说法，至今学界尚无定论。

第一种说法是，李白饮酒过度醉死于宣城。喝酒喝过了头，直接醉死在酒桌上。这肯定不会是什么美好的画面，多半是满地狼藉不堪入目。

第二种说法是李白因为生病，死在南陵叔父李阳冰那里。

这两种说法在各类记载中见得比较多，很可能也更符合实际，但是无论是醉死还是病死的，在后世喜爱李白的人看来，都太平淡了，关于李白之死的第三种说法，似乎更符合"诗仙"的气质。

李白一生浪迹江湖，热爱自然。他以明月寄情，把美丽的月亮看成是高尚皎洁的象征。他又以酒为伴，把美酒看成是自己生命中不可或缺的一部分。传说李白在船上喝酒，当时天上正有一轮明月，此时的李白年事已高，又喝得醉醺醺的，抬头看到天上的月亮，一低头又看到水里的月亮，一时间已经难以区分天上人间，加之对这轮明月的喜爱，李白便想弯腰去"捞月"，结果晕乎乎地一不小心掉进了水里，一代诗仙就此陨落，连遗体都找不到。夜月当空，映照在江中，好像一轮白玉盘，微风拂过，又散作万点银光，美丽而透亮。李白追求了一生光明，终于在这里寻到了。

这种说法颇有些浪漫飘逸的感觉，而后人也更愿意相信，在生命的最后时刻，"诗仙"是在追求自己想要的东西。人生难免一死，能为追逐心爱的东西而死，哪怕这东西是一场梦幻，也称得上死得其所了吧。

李白一生虽然没能实现远大的抱负，但是他也没有辜负自己的一生，没有辜负"谪仙人"的赞誉，他把自己的才华发挥得淋漓尽致，他辉煌的诗篇得以流芳百世，李白也在这些诗篇的平仄吟诵里，得到了真正的永生！

崔颢

崔颢，汴州（今河南开封）人。十九岁考中进士，官至太仆寺丞，后任员外郎。

崔颢早年的诗作多写女子，但无娇柔作态，相反清新有趣："卢姬少小魏王家，绿鬓红唇桃李花[1]"，"川上女，晚妆鲜[2]"，"十五嫁王昌，盈盈入画堂[3]"……

后来的崔颢四处游历，也曾身赴边塞，诗歌境意渐为辽阔。"河山北枕秦关险，驿路西连汉畤平[4]"，"长淮亦已尽，宁复畏潮波[5]"，"少年负胆气，好勇复知机[6]"，显露出慷慨激昂之意，与前期作品形成鲜明对照。

然而，崔颢最为我们熟知的还是那首让"诗仙"李白甘拜下风、唯有赞叹"眼前好景道不得，崔颢题诗在上头"的《黄鹤楼》。这个诗坛趣闻，也从侧面奠定了崔颢的"江湖地位"。

"黄鹤一去不复返，白云千载空悠悠[7]"。时光逝去如江水东流无从抵挡，千载时空里，能留下一首诗，一段故事，也足以让后人回味无穷了。

1. 崔颢《卢姬篇》
2. 崔颢《川上女》
3. 崔颢《王家少妇》
4. 崔颢《行经华阴》
5. 崔颢《晚入汴水》
6. 崔颢《古游侠呈军中诸将》
7. 崔颢《黄鹤楼》

黄鹤楼

【唐】崔颢

昔人已乘黄鹤去，此地空余黄鹤楼。

黄鹤一去不复返，白云千载空悠悠。

晴川历历汉阳树，芳草萋萋鹦鹉洲。

日暮乡关何处是？烟波江上使人愁。

【诗歌背景】

这首诗题于黄鹤楼楼板之上，曾经让诗仙李白甘拜下风。前两句展现出时空苍茫，给人留下无限的想象空间，第三句写景，最后一句才道出心中所思。夕阳西下，心中情愫渐浓，思绪好似那烟雾蒙蒙的江面一样让人迷茫，诗人自问，天地苍茫，究竟哪里才是我的故乡呢？其实行走世上，哪里都不是故乡，唯有"此心安处是吾乡"。

黄鹤楼：位于武汉长江南岸的蛇山上。始建于三国吴国，与岳阳楼、滕王阁并称"江南三大名楼"。
悠悠：久远的意思。
历历：清晰、分明的样子。
鹦鹉洲：原位于湖北省武汉市武昌城外江中，因东汉末年黄祖之子黄射在此大宴宾客，有人献上鹦鹉，并有祢衡即席写就《鹦鹉赋》而得名。李白写有怀古之作《望鹦鹉洲怀祢衡》。此洲在明末逐渐沉没。清乾隆年间，新淤鹦鹉洲，已和汉阳连成一片。
乡关：故乡家园。
烟波：暮霭沉沉的江面。

● 写不过你，不写了 ●

崔颢

黄鹤楼，位于湖北省武汉市长江南岸的武昌蛇山之巅，是江南三大名楼之一（另外两座楼是湖南省岳阳市的岳阳楼和江西省南昌市的滕王阁）。黄鹤楼始建于三国时代，距今已有近1800年的历史，最初只是东吴修建用来瞭望守戍的军事楼，晋灭东吴以后，三国归于统一，黄鹤楼的军事价值削弱，逐步演变为官商行旅必经必停的观赏楼。

大概是登上黄鹤楼，那开阔的视野和优美的天然景致会激发人们创作的灵感，历代诗人都喜欢在此吟诗赞颂，那些流传下来的诗文更为黄鹤楼大大增色，使这座楼声名远扬。历代名士李白、白居易、贾岛、陆游、杨慎、张居正等，都先后到这里吟诗作赋，而其中最著名的当属崔颢的诗作《黄鹤楼》，以及与这首诗相关的一段故事。

这段故事还与李白有关。唐朝的时候有一个风俗，因为当时诗风很盛，爱写诗的人很多，诗人们常常诗兴大发就要提笔写诗，于是那些游览胜地或者是一些酒馆里就常备着许多木板，供人即兴写诗。

有一天，李白来到黄鹤楼，登高远眺，眼前的美景让他才思泉涌，准备大笔一挥题诗一首，但是刚拿起笔，却发现写不下去了。怎么回事呢？原来，李白一抬头看到了已经题在黄鹤楼墙上某块木板上的一首诗，这首诗写得特别好，把李白想写的全都写完了，几乎找不到发挥的空间了。这首让李白甘拜下风的诗，正是崔颢的《黄鹤楼》。李白只能摇摇头，留下一句"眼前有景道不得，崔颢题诗在上头"，悻悻而去。

虽说李白不写黄鹤楼了，但其实他并没有完全放弃当时的思路，后来，他写了一首叫《登金陵凤凰台》的诗，"凤凰台上凤凰游，凤去台空江自流。吴宫花草埋幽径，晋代衣冠成古丘。三山半落青天外，二水中分白鹭洲。总为浮云能蔽日，长安不见使人愁。"不过这首诗很有一番向崔颢致敬的意味。大家再读一下崔颢的《黄鹤楼》，就明白了："昔人已乘黄鹤去，此地空余黄鹤楼。黄鹤一去不复返，白云千载空悠悠。晴川历历汉阳树，芳草萋萋鹦鹉洲。日暮乡关何处是？烟波江上使人愁。"仔细比较一下，两首诗的音律、意境是不是极其相似，都是一样的咏今怀古呢？看来，李白的确很喜欢也很佩服崔颢的这首《黄鹤楼》，而且从中还学了不少呢。

杜甫

杜甫，字子美，自号少陵野老，后世论诗，每以"诗圣"称之。由唐入宋，世人尊李太白为"诗仙"，"仙"是说难学、学不会，而"圣"的潜台词则是后世楷模。杜甫在诗坛的地位可见一斑。

"七龄思即壮，开口咏凤凰。九龄书大字，有作成一囊。[1]"忆起童年，少陵野老充满自豪，敏捷的才思在人生头十年早已突显。"往昔十四五，出游翰墨场[2]"，"忆年十五心尚孩，健如黄犊走复来[3]"，少年杜甫单纯快乐，那时的他还无法预料，后来的日子，他将与深爱的国家共同走过一段艰难困苦的岁月，其诗也成为记录时代的"诗史"。

"骁腾有如此，万里可横行[4]"，"会当凌绝顶，一览众山小[5]"，年轻的杜甫和所有青春洋溢的年轻人一样壮志满怀，渴望如驰骋沙场的悍马为国立功。"致君尧舜上，再使风俗淳[6]"，他梦想遇到英明的君主，为国家富强、人民安康做出自己的贡献。

然而事与愿违。首次科考遭遇奸相李林甫"野无遗贤"的阻挠，一无所获。四年后为朝廷大典献赋三篇，得玄宗赏识。再次科考，仅得"参列选序"资格，等候分配，又是四年。拒绝过"凄凉为折腰[7]"的"县尉"一职，以接受"右卫率府兵曹参军"告终，当起了小小的仓库保管员。安史之乱爆发后，历经磨难到达"行在所"（指朝廷临时政府所在地）的杜甫，成了流亡政府的"左拾遗"，能在皇帝身边直言进谏，这恐怕是与杜甫理想最为接近的时候了。可惜"左拾遗"也没能做多久即被放还。

好莱坞大片倡导英雄主义，以前是个人化的孤胆英雄，后来变成超级英雄集体行动，此种想当然的"乐观英雄主义"之所以遭诟病，乃因其简单得不讲理：正义永远胜利，英雄总能力挽狂澜。其实英雄背后有太多无奈，"英雄"不是自己想做英雄的，从来都是时势造英雄。

在仕途不顺的杜甫身上，折射的是大唐国运的衰微。"以史入诗"，做不成官也改变不了大唐的杜甫选择了用现实的笔法，把一个时代写进自己的作品。笔力雄健扎实，成为后世大批诗家的学习榜样，黄庭坚说杜工部诗"无一字无来历"，并以此形成自己风格，辗转影响宋元两朝。诗人在政治的时势中无所作为，但"以史入诗"的写法让诗人"以诗为史"地超越了政治的时势，进入了文学的殿堂，登堂入室，成为一盏彪炳后世的明灯。这也是另一种"时势造英雄"吧，正所谓"国家不幸诗家幸"。

安史之乱整整八年，杜甫亲身经历了大唐由盛转衰，"国破山河在，城春草木深[8]"，"有弟皆分散，无家问死生[9]"，"请嘱防关将，慎勿学哥舒[10]"，忧国忧民之情怀在作品中溢于言表。其实何止忧国忧民，穷困潦倒中的诗人痛失幼子，在家国动荡中，后半生过得极其清苦，"入门依旧四壁空[11]"，"布衾多年冷似铁[12]"，"艰难苦恨繁霜鬓，潦倒新停浊酒杯[13]"。而英雄之所谓英雄，乃不戚戚于自己的生活，胸中所系常有社稷天下、黎民苍生。即使自家"床头屋漏无干处，雨脚如麻未断绝[14]"，诗人所想的仍是"安得广厦千万间，大庇天下寒士俱欢颜[15]"，其实杜甫从来都有这番现实的情怀，与战乱并没有多大关系。他笔下的大唐，"朱门酒肉臭，路有冻死骨[16]"，盛世之下，他仍心系穷苦百姓。至于"三吏""三别"那样揭起大唐伤疤的作品，更是奠定了"诗史"的历史地位，让杜甫由凡入"圣"。

其实"圣"和"史"都不重要，无非名相。儒家所谓"立德立功立言"，多少人为官一世连其中一点都做不到，富庶浮华只如黄粱一梦。但是国破山河在，杜甫半世凄风苦雨，成就唐诗巅峰时期的一座丰碑，后学效仿后世传扬，也算没有白遭这些罪吧。

1、2. 杜甫《壮游》
3. 杜甫《百忧集行》
4. 杜甫《房兵曹胡马》
5. 杜甫《望岳》
6. 杜甫《奉赠韦左丞丈二十二韵》
7. 杜甫《官定后戏赠》
8. 杜甫《春望》
9. 杜甫《月夜忆舍弟》
10. 杜甫《潼关吏》
11. 杜甫《百忧集行》
12. 杜甫《茅屋为秋风所破歌》
13. 杜甫《登高》
14、15. 杜甫《茅屋为秋风所破歌》
16. 杜甫《自京赴奉先咏怀五百字》

百忧集行

【唐】杜甫

忆年十五心尚孩，健如黄犊走复来。

庭前八月梨枣熟，一日上树能千回。

即今倏忽已五十，坐卧只多少行立。

强将笑语供主人，悲见生涯百忧集。

入门依旧四壁空，老妻睹我颜色同。

痴儿不知父子礼，叫怒索饭啼门东。

【诗歌背景】

　　这首诗是杜甫五十多岁时回忆儿时生活所作。头四句写了自己十五岁时顽皮无忧的生活，反衬出眼前现实生活的惨淡。身体衰老，事业无望，家徒四壁……种种景况，真是百种忧愁纠集心头。

倏（shū）忽：很快地。
颜色：神情，脸色。

望 岳

【唐】杜甫

岱宗夫如何？齐鲁青未了。

造化钟神秀，阴阳割昏晓。

荡胸生层云，决眦入归鸟。

会当凌绝顶，一览众山小。

【诗歌背景】

  杜甫年轻的时候雄心满怀，认为自己一定能够成就一番事业。他写这首诗的时候，虽然科举不中，但对未来仍然充满希望，"会当凌绝顶，一览众山小"正彰显了诗人年轻时的信心和气魄。

岱（dài）宗：泰山。
齐鲁：泰山北面是齐国，泰山南面是鲁国。齐鲁两国都位于现在的山东一带。
造化：指大自然。
钟：聚集。
神秀：神奇秀美的天地之灵气。
阴阳：指山南山北。
荡胸：胸怀激荡。
决眦（zì）：眼角裂开，这里指睁大眼睛看。
会当：一定要。

● 诗人的朋友圈 ●

每个人都需要朋友，每个人也都有自己喜欢或擅长做的事，一群志同道合的朋友凑在一起，自然而然就形成了"圈子"，微信里的"朋友圈"，就是一种人际关系的圈子。

圈子各有不同。妈妈们凑在一起，聊的往往是孩子，这是"妈妈圈"；老板们聚在一块儿，谈的都是生意，这是"生意圈"；文学家艺术家聚会，就有"文艺圈"；书法家美术家扎堆，还经常搞些"雅集"，写字作画自得其乐。志趣相投的人，能聊的东西自然就多，圈子自然就热闹。

诗人们也有自己的圈子，自古如是。

李白佩服孟浩然，几度写诗相赠，他能为唐明皇所用，则多亏了贺知章的引荐，杜甫仰慕李白的才情，专程前去拜会，盛世大唐的两位代表性的诗人之间成就起一段文坛佳话。

中唐时期的白居易，在唐诗发展中是个承上启下的人物，他和元稹是过命的交情，元稹去世，白居易的哀挽用情至深，故有"元白"并称，他和刘禹锡也有多番酬唱，心意相通，所以还有"刘白"并称。

韩愈提携贾岛和孟郊（"岛瘦郊寒"）是因为对诗歌的见解接近，至于韩愈、柳宗元和刘禹锡的"铁三角"则是因为三人同科考试，刘禹锡和柳宗元还是同榜进士，之后三人还成了御史台的同事。韩愈推行古文运动，奠定了自己在唐代文坛的江湖地位，自然朋友遍天下。

到了宋朝，这样的诗人朋友圈就越发错综复杂了。曾巩是欧阳修的学生，欧阳修举荐过王安石，苏洵苏轼苏辙父子三人参加科考，主考官正是欧阳修。后来东坡自己也有了门生，"苏门四学士"都是文艺圈的活跃分子。

圈子是很有价值的。功利地说，圈子里的人相互提携，所谓"在家靠父母，出门靠朋友"，官场上行走，要是没有一些能说上话的朋友，难免势单力薄。其实诗人的朋友圈更重要的并非此种功利目的，君子之交淡如水，真正留下佳话的诗人朋友圈，是不受官场污浊影响的。写诗需要灵感，一个人埋头苦思，不如三五知己把酒言欢。朋友圈，为诗人们提供了灵感的源泉、创作的冲动、写诗的素材和分享的舞台。去朋友家做客，就有了《过故人庄》，请朋友来喝酒聊天，就有了"能饮一杯无"。送别远行的朋友，就写出了"唯见长江天际流"。至于依依惜别、豪情痛饮、为朋友打气加油，更是唐诗里常见的主题。

朋友，是诗人们创作的宝库。

知己，是我们毕生的财富。

兵车行

【唐】杜甫

车辚辚,马萧萧,行人弓箭各在腰。

爷娘妻子走相送,尘埃不见咸阳桥。

牵衣顿足拦道哭,哭声直上干云霄。

道旁过者问行人,行人但云点行频。

或从十五北防河,便至四十西营田。

去时里正与裹头,归来头白还戍边。

边庭流血成海水,武皇开边意未已。

君不闻汉家山东二百州,千村万落生荆杞。

纵有健妇把锄犁,禾生陇亩无东西。

况复秦兵耐苦战,被驱不异犬与鸡。

长者虽有问,役夫敢申恨?

且如今年冬,未休关西卒。

县官急索租,租税从何出?

信知生男恶，反是生女好。

生女犹得嫁比邻，生男埋没随百草。

君不见青海头，古来白骨无人收。

新鬼烦冤旧鬼哭，天阴雨湿声啾啾。

【诗歌背景】

在中国古代，频仍的战乱对百姓来讲是无尽的灾难。这首诗聚焦在一个被征兵的家庭，从送行场面到日常生活，从"牵衣顿足拦道哭，哭声直上干云霄"到"新鬼烦冤旧鬼哭"，满是哀叹，满是绝望，读来让人悲愤不已，感慨万千。这首诗也奠定了杜甫现实主义诗人的风格。

辚辚：众车声。
萧萧：马叫声。
行人：行役之人。
干：冲上。
点行：根据户籍名册征兵。
北防河：当时因为吐蕃侵扰黄河以西各地，曾征召陇右、关中、朔方诸军集合到河西一带防范，故称防河。
营田：就是汉时的屯田制。无事种田，有事作战，战士在不打仗的时候要自己种地。
里正：为当时居民百户之长。
裹头：裹上头巾是当时出兵的标准装束。
武皇：汉武帝。这里指唐玄宗。
山东二百州：指华山以东之地。
秦兵：即关中之兵。

春 望

【唐】杜甫

国破山河在,城春草木深。

感时花溅泪,恨别鸟惊心。

烽火连三月,家书抵万金。

白头搔更短,浑欲不胜簪。

【诗歌背景】

这首诗大约写于杜甫四十多岁时,当时整个唐朝非常动荡。山河破碎、家人离散,杜甫自己也做了俘虏逃到沦陷区……当生于盛唐的诗人面对如此不堪的现实,不难想象他的心情是多么沉重,也难怪一头白发掉得连簪子都插不住了。

城:长安城。
感时:为国家的时局而感伤。
溅泪:流泪。
恨别:怅恨离别。
抵:值,相当。
白头:白头发。
搔:用手指轻轻地抓。
浑:简直。
欲:要,就要。
胜:受不住。
簪(zān):一种用来别住头发的饰物。

月 夜

【唐】杜甫

今夜鄜州月,闺中只独看。

遥怜小儿女,未解忆长安。

香雾云鬟湿,清辉玉臂寒。

何时倚虚幌,双照泪痕干?

【诗歌背景】

独在长安的杜甫,在"月夜"思念着遥在鄜州的妻子和儿女。儿女还小,尚不懂得思念,月光照在妻子的手臂上阵阵寒凉,却无人帮她取暖。何时才能再次和家人团聚,从"独看"变为"双照"呢?子美一定在心里默默期盼。

鄜(fū)州:今陕西省富县。当时杜甫在长安,妻子孩子在鄜州。
闺中:此指闺中人,即杜甫的妻子。
鬟(huán):古代女子的环形发式。
虚幌(huǎng):透明的帷幔。

月夜忆舍弟

【唐】杜甫

戍鼓断人行,边秋一雁声。

露从今夜白,月是故乡明。

有弟皆分散,无家问死生。

寄书长不达,况乃未休兵。

【诗歌背景】

又是一个月夜,听着戍鼓和秋雁的声音,杜甫又在思念家人了。这首诗写于杜甫四十七岁时,他刚刚结束为官生涯,流离失所。因为战争,家中的兄弟四散各处,寄出的家书久久没有回音,得不到家人的消息,战争却还在继续。看不到生活的希望,实在是太折磨人了。

舍弟:谦称自己的弟弟。
戍(shù)鼓:戍楼上的更鼓。戍:驻守。
断人行:指鼓声响起后,就开始宵禁。
露从今夜白:指"白露"节气,天气已经转凉。
况乃:何况是。
休兵:战争结束。

● 你拍马屁我倒霉 ●

在追求理想的路上，总是会碰到一些意想不到的阻碍，就像杜甫碰到了李林甫那样。若不是李林甫，杜甫的人生可能会是另一番景象。

747年，唐玄宗昭告天下，召集全国的"通一艺者"到京城考试，从中选拔人才。只要在任何一方面有才华的，都算"通一艺者"。当年的杜甫三十五岁，刚到长安不久，一看这个机会不错，就去考了，可惜没有考上。不过不光杜甫一个人没有考上，所有参加这次考试的人一个都没有考上，是的，所有人都落榜了。这是怎么回事呢？

发完通告，唐玄宗没有多管这件事，全部交给当朝宰相李林甫去处理了。李林甫在朝中位高权重，本来就有很多自己人等着要提拔，他当然不愿意选些跟他不相干的人进来，削弱自己的势力。于是这些从社会上来应试的人，他就一个都没选，让他们全部落榜了。

这个结果不合常理，皇上面前该怎么交代？李林甫自有办法。他给皇上的解释，非常合理。照李林甫的说法，这些来应试的"通一艺者"，水平实在不怎么样，主要是皇上贤明圣德，天下的贤能之士早就都被选拔出来在朝为官了，流落在民间的优秀人才一个都没有了。你想想，本来一个极不合理的结果，却被李林甫说成"因为皇上圣德，所以有才能的人都已经来做官了"，就这么轻轻松松给圆了过去。不得不说李林甫胆子太大了，他的一句话剥夺了天下多少人期盼已久的机会，也不得不说李林甫太会拍马屁了，巧舌如簧，如此荒唐的结局都能令皇上欣然接受。

杜甫到京城进士不中，干谒无果，两手空空回家又不甘心，留在长安又不知道该何去何从，就这样困居在长安。四五年之后，又等到一个机会，唐玄宗将举行祭祀太清宫、太庙和天地的三大盛典。杜甫借机献上了"三大礼赋"，得到了唐玄宗的赏识，让他在集贤院候缺。

可是集贤院负责分配官职的又是李林甫，先被分配的还是李林甫的人，杜甫一等又是四年，等来一个"河西尉"。杜甫的诗里写道，"不作河西尉，凄凉为折腰"，唐朝时的县尉一面要鞭打人民，一面又要拜迎官长，有时自己也不免受鞭笞。杜甫做不了欺压百姓的事，拒绝了这个官职，后来做了"右卫率府兵曹参军"，看管存放兵器的仓库。

那时，杜甫四十四岁，来到长安将近十年。蹉跎十年，做了一个小小的仓库保管员，不过好歹不必违背自己的良心过活。虽说杜甫官途多舛，用世俗的眼光来看他非常失败，但不管外界如何险阻动荡，他的内心一直保持坚定，从不怀疑自己，怀疑人生。能与自己的内心和谐共处，不失为一种最纯粹、最真实的幸福。

新安吏

【唐】杜甫

客行新安道，喧呼闻点兵。

借问新安吏："县小更无丁？"

"府帖昨夜下，次选中男行。"

"中男绝短小，何以守王城？"

肥男有母送，瘦男独伶俜。

白水暮东流，青山犹哭声。

"莫自使眼枯，收汝泪纵横。

眼枯即见骨，天地终无情！

我军取相州，日夕望其平。

岂意贼难料，归军星散营。

就粮近故垒，练卒依旧京。

掘壕不到水，牧马役亦轻。

况乃王师顺，抚养甚分明。

送行勿泣血，仆射如父兄。"

【诗歌背景】

　　杜甫的"三吏"（《新安吏》《石壕吏》《潼关吏》）创作于安史之乱期间，以问答的方式，记录了自己的所见所闻。《新安吏》写的是官吏在河南新安县征兵的场面，壮丁已经全都上了战场，还没成年的"男子"成了征兵对象。家人离别，青山都在为他们哭泣，这就是战争啊，就算眼泪哭干，该打的仗还是要打。将军会像父兄一样对待未成年的士兵，也只能这样安慰士兵的家人了。

客：杜甫自称。
点兵：按户籍册点名征兵。
县小：唐代六千户以上为上县，三千户以上为中县，不满三千户为下县。县小，指户少。
丁：成年男子。
府帖：州府军帖，征兵文书。
中男：未成年男子。《旧唐书·食货志上》记高祖武德七年定制：男女始生为黄，四岁为小，十六岁为中，二十一为丁，六十为老。天宝三载（744）又改为：以十八为中男，二十二为丁。
绝短小：极矮小。
王城：指东都洛阳。
伶俜（líng pīng）：孤独无依的样子。
眼枯：哭干眼泪。
星散营：形容官军溃败后军营散乱，像星星一样散乱地扎营。
就粮：吃饭。
故垒：旧营地。
旧京：指东都洛阳。
壕：战壕。
不到水：指战壕挖得浅。
顺：顺应天意，师出有名。
抚养：爱护，照顾。
仆射（pú yè）：官名。秦始置，宋以后废。这里指郭子仪。

新婚别

【唐】杜甫

兔丝附蓬麻,引蔓故不长。
嫁女与征夫,不如弃路旁。
结发为君妻,席不暖君床。
暮婚晨告别,无乃太匆忙!
君行虽不远,守边赴河阳。
妾身未分明,何以拜姑嫜?
父母养我时,日夜令我藏。
生女有所归,鸡狗亦得将。
君今往死地,沉痛迫中肠。
誓欲随君去,形势反苍黄。
勿为新婚念,努力事戎行!
妇人在军中,兵气恐不扬。
自嗟贫家女,久致罗襦裳。
罗襦不复施,对君洗红妆。
仰视百鸟飞,大小必双翔。
人事多错迕,与君永相望!

【诗歌背景】

　　杜甫的"三别"(《新婚别》《无家别》《垂老别》)也创作于安史之乱期间,以第一人称展开叙述,展现了人物的内心独白。《新婚别》以一个新婚妇人的口吻写就。新婚燕尔,床席还没睡暖,祖先还没祭拜,儿媳妇的身份还没得到确认,丈夫就要奔赴战场。人生不如意事十之八九,从此只能把思念和痛苦全部埋在心中,默默祈愿能够再次重逢。

兔丝:即菟丝子,一种蔓生的草,依附在其他植物枝干上生长。蓬和麻的枝干都很短,所以菟丝子附在上面的蔓自然长不了。比喻女子嫁给征夫,相处难久。
结发:成婚。
河阳:今河南省孟州市,当时唐军与叛军在此对峙。
身:身份,指在新家的名份地位。唐代习俗,嫁后三日,始上坟告庙,才算成婚。
姑嫜(zhāng):丈夫的母亲与父亲。
归:古代女子出嫁称"归"。
将:带领,相随。
死地:死亡之地,指战场。
迫:压抑。
中肠:内心。
苍黄:本指青色和黄色。后以"苍黄"比喻急剧的变化。这里指更加麻烦、不好办。
襦(rú):短衣。
裳:下衣。
不复施:不再穿。
错迕(wǔ):不如意。迕,违背。

江 村

【唐】杜甫

清江一曲抱村流,长夏江村事事幽。

自去自来梁上燕,相亲相近水中鸥。

老妻画纸为棋局,稚子敲针作钓钩。

但有故人供禄米,微躯此外更何求?

【诗歌背景】

　　公元760年,杜甫在朋友的资助下,在四川成都郊区浣花溪畔盖了一间草堂。虽然只是一间破茅屋,但对一直处于战乱流离中的杜甫来说,已是殊为难得的片刻安宁。"老妻画纸为棋局,稚子敲针作钓钩。"在一片幽静安宁的环境中,诗人享受着天伦之乐。

清江:指浣花溪。
长夏:指夏日。夏日昼长,称"长夏"。
幽:幽静、闲适。
故人供禄米:指老朋友在生活上对自己的资助。
微躯:杜甫自谦的说法。

蜀 相

【唐】杜甫

丞相祠堂何处寻，锦官城外柏森森。

映阶碧草自春色，隔叶黄鹂空好音。

三顾频烦天下计，两朝开济老臣心。

出师未捷身先死，长使英雄泪满襟。

【诗歌背景】

这首诗写于760年，诗人闲暇之余外出踏青，参观了祭祀诸葛亮的祠堂。前四句描写了祠堂周围的环境，后四句记述了诸葛亮当年的事迹。"出师未捷身先死，长使英雄泪满襟。"既表达了杜甫对诸葛亮的怀念，也是借古喻今，慨叹自己也像诸葛亮一样怀有报国热诚，可现实的环境却没有给他报国的机会。

蜀相：指三国蜀汉丞相诸葛亮（孔明）。
丞相祠堂：即诸葛武侯祠，在今成都，晋李雄初建。
锦官城：成都的别称。
柏（bǎi）森森：柏树茂盛繁密的样子。
三顾频烦天下计：指刘备为统一天下而三顾茅庐，问计于诸葛亮。
两朝开济：指诸葛亮辅佐了刘备、刘禅两位皇帝。开：开创。济：扶助。
出师未捷身先死：指诸葛亮多次出师伐魏，未能取胜，至蜀建兴十二年（234年）卒于五丈原（今山西岐山东南）军中。出师：出兵。

赠花卿

【唐】杜甫

锦城丝管日纷纷,

半入江风半入云。

此曲只应天上有,

人间能得几回闻。

【诗歌背景】

　　这首诗是杜甫写给锦官城(成都)长官崔光远的部将花敬定的。"卿",是当时对地位、辈分较低的人的一种客气称呼。古时候的礼制非常规范,什么等级的人在日常生活中能穿什么样的衣服,用什么样的马车,在日常仪式中能用什么数量的器物,用什么样的音乐都是有明确规定的。"此曲只应天上有,人间能得几回闻",杜甫认为花敬定使用的美妙音乐应该只有更高级别的官员才能用,这首诗实际在暗讽花的僭越。

锦城:即成都。
丝管:弦乐与管乐的总称。
天上:双关语,虚指天宫,实指皇宫。

春夜喜雨

【唐】杜甫

好雨知时节,当春乃发生。

随风潜入夜,润物细无声。

野径云俱黑,江船火独明。

晓看红湿处,花重锦官城。

【诗歌背景】

  杜甫在成都草堂的时候,过上了普通的乡村生活。农耕生活对一个读书人来说并不容易,杜甫却也乐在其中。正因如此,他才会因为一场春雨的降临而如此喜悦。在这首诗中我们能够感受到杜甫难得的幸福喜悦,心情好的时候眼前看到的一切都是美好的,让人读来也为忧国忧民的诗人有这样的喜悦而感到由衷的高兴。

发生:萌发生长。
潜(qián):暗暗地,悄悄地。指春雨在夜里悄悄地随风而至。
润物:使植物受到雨水的滋养。
红湿处:指被雨水滋润之后的花丛。
花重:花沾上雨水而变得沉重。
锦官城:古代成都的别称,也可简称为锦城。三国蜀汉时管理织锦之官驻此,故得此名。

杜甫

江畔独步寻花

【唐】杜甫

黄四娘家花满蹊,

千朵万朵压枝低。

留连戏蝶时时舞,

自在娇莺恰恰啼。

【诗歌背景】

这首诗写于杜甫在成都草堂期间,这是他人生中少有的安闲舒适的时候。《江畔独步寻花》组诗共七首,这是其中的第六首,特写黄四娘家的鲜花遍布,展现了春天的美好。

黄四娘:杜甫住成都草堂时的邻居。
蹊(xī):小路。
留连:即留恋,不舍得离去。
恰恰:象声词,形容鸟叫声音悦耳动听。

绝句二首

【唐】杜甫

其一

迟日江山丽,春风花草香。

泥融飞燕子,沙暖睡鸳鸯。

其二

江碧鸟逾白,山青花欲燃。

今春看又过,何日是归年?

【诗歌背景】

在浣花溪畔安顿下来的杜甫,可算有心情去看看春天的景色,感受一下春天的美好了。"今春看又过,何日是归年?"然而虽说在春光明媚,生意盎然的日子里,杜甫仍在感慨"何日是归年"。诗人的心中仍然牵挂着国家大事,牵挂着家乡。

迟日:指春天的太阳。《诗经》有"春日迟迟"句。
泥融:春泥黏湿。
花欲燃:花红似火。

茅屋为秋风所破歌

【唐】杜甫

八月秋高风怒号,卷我屋上三重茅。

茅飞渡江洒江郊,高者挂罥长林梢,

下者飘转沉塘坳。

南村群童欺我老无力,忍能对面为盗贼。

公然抱茅入竹去,唇焦口燥呼不得,

归来倚杖自叹息。

俄顷风定云墨色,秋天漠漠向昏黑。

布衾多年冷似铁,娇儿恶卧踏里裂。

床头屋漏无干处,雨脚如麻未断绝。

自经丧乱少睡眠,长夜沾湿何由彻!

安得广厦千万间,大庇天下寒士俱欢颜,

风雨不动安如山。

呜呼！何时眼前突兀见此屋，

吾庐独破受冻死亦足！

【诗歌背景】

　　杜甫短暂安居的处所其实只是一处简陋的茅草屋，秋风一起，吹跑了屋顶，秋雨一下，屋里一块干的地方都没有，被子又冷又硬，诗人流着泪直到天明。在如此恶劣的生活条件下，杜甫感叹的不是自己小家生活的悲惨，他的愿望是让天下所有的读书人都有安稳的住所。如能达成这样的心愿，"吾庐独破受冻死亦足！"不得不说，杜甫诚然是一个心怀天下的志士。

挂罥（juàn）：挂着，挂住。
长林：高高的树林。
沉塘：无水之塘。
坳（ào）：低凹的地方。
竹：竹林。
俄顷：不久，一会儿。
漠漠：阴沉迷茫的样子。
向：接近。
衾（qīn）：被子。
丧乱：安史之乱。
彻：天明。
安得：怎么才能有。
庇（bì）：遮蔽，掩护。
寒士：士本指士人，此处泛指贫寒的人们。

闻官军收河南河北

【唐】杜甫

剑外忽传收蓟北,初闻涕泪满衣裳。

却看妻子愁何在,漫卷诗书喜欲狂。

白日放歌须纵酒,青春作伴好还乡。

即从巴峡穿巫峡,便下襄阳向洛阳。

【诗歌背景】

这首诗描绘的是杜甫悲惨晚年生活中的一抹亮色。漂泊中,得到安史之乱平定的消息,诗人喜极而泣,兴奋之情溢于言表。安史之乱终于平定了,终于有机会回到故乡了,大白天里忍不住要放声歌唱、大口喝酒。人虽然还在成都,可是心却早已穿过巫峡,下了襄阳去到洛阳城了。

闻:听说。
河南河北:黄河的南北两岸,不仅包括了今天的河南省、河北省,还包括了今天的山东省及辽宁省的一小部分。
剑外:剑门关以南,这里指四川。
蓟北:泛指唐代幽州、蓟州一带,今河北北部地区,是安史叛军的根据地。
涕:眼泪。

读懂诗人才懂诗

妻子：妻子和孩子。
漫卷（juǎn）：胡乱地卷起。
放歌：放声高歌。
须：应当。
纵酒：开怀痛饮。
青春：指明丽的春天的景色。
巴峡：长江三峡之一。
巫峡：长江三峡之一，因穿过巫山得名。
便：就。
襄阳：今属湖北。
洛阳：今属河南。

旅夜书怀

【唐】杜甫

细草微风岸,危樯独夜舟。

星垂平野阔,月涌大江流。

名岂文章著,官应老病休。

飘飘何所似?天地一沙鸥。

【诗歌背景】

为杜甫提供经济来源的严武去世了,杜甫带着妻儿离开成都草堂,乘舟东行。这首诗既写旅途风情,更感伤年老多病、漂泊无依的心境。杜甫大半辈子都在漂泊,与家人相伴的日子甚少,满腔的政治抱负也始终没有得到施展,天地间没有一片真正属于自己的地方,就像那飘零于世、没有落脚点的沙鸥一样。

樯(qiáng):桅杆。
名:名声。
岂:哪里。
文章著:因写文章而著名。
飘飘:飞翔的样子,这里借沙鸥写人的漂泊。

登 高

【唐】杜甫

风急天高猿啸哀,渚清沙白鸟飞回。

无边落木萧萧下,不尽长江滚滚来。

万里悲秋常作客,百年多病独登台。

艰难苦恨繁霜鬓,潦倒新停浊酒杯。

【诗歌背景】

这首诗写于杜甫人生落幕前三年,是他人生低谷中的低谷。无边落下的树叶和滚滚东去的江水,就似那永不回头的时间,生老病死,人人概莫能外。安史之乱平定之后,杜甫也一直没能回到家乡,真正是漂泊一世。独自登上高台,杜甫沉浸在无限的悲痛之中,酒都喝不下去了。这首诗被后世评论家誉为"古今七律之冠"。

啸:长声鸣叫。
渚(zhǔ):水中的小洲。
萧萧:树叶被风吹动而随风飘落的声音。
万里:指远离故乡。
常作客:长期客居他乡。
百年:指年老。
登台:登上高台。
繁霜鬓:白发长满了两鬓。
新停:因病而停止饮酒。

● 格律诗漫谈 ●

格律诗,是指符合"格律"要求的诗,格律诗是在唐朝逐步形成的,所以也称为"近体诗",唐朝以前那些不按格律要求写的诗(比如乐府诗)就称为"古体诗"。

所谓的"格律",是指"格式"和"音律"。格律诗,要求符合一定的格式和音律要求,所以写诗不是那么容易的事,光是字数一致或者能做到押韵,都不能称为格律诗,只能叫"打油诗"。

格律诗在格式和音律上的要求分成四个部分:字数、用韵、对仗、平仄。

字数的要求是最直观也最简单的。可以两联四句构成一首诗,这称为"绝句";也可以四联八句构成一首诗,称为"律诗"。如果一句只有五个字,就叫"五言",如果一句有七个字,就叫"七言"。所以格律诗分四种:五言绝句、五言律诗、七言绝句、七言律诗。

用韵,就是我们所说的押韵,要求两句诗的最后一个字,用同一个韵母。比如"床前明月光,疑是地上霜","光"和"霜"就是押韵的。不过,我们现在说的押韵,是按照现代汉语拼音,格律诗的用韵,要按照古人的"平水韵",虽然大体上和我们的拼音差别不大,可是汉字有几千年演化的历史,几千年来有不少字的读音发生过改变,这里头还是有不小的区别。

对仗,是要求两句诗里对应的字词性一致、涵义相关。比如杜甫的"无边落木萧萧下,不尽长江滚滚来"就是很好的对仗:"无边"对"不尽","落木"对"长江","萧萧下"对"滚滚来"。对仗可不是件容易的事,需要有很深厚的文字功夫积累,这可是作诗的基本功。比如,拿"桃红"两个字作上联,你能对上几个不一样的下联呢?

平仄(zè),是格律诗中要求最高的部分。所谓平仄,其实就是一个字的声调,我们都知道,汉语拼音分四个声调,古代汉语也分四个声调,不过和汉语拼音不一样,古代四声是"平(píng)上(shǎng)去(qù)入(rù)",我们读格律诗会觉得"抑扬顿挫"特别朗朗上口,正是因为格律诗符合了平仄的要求。比如五言绝句的格律诗,就有一个基本句式:平平仄仄平,仄仄平平仄。是不是读起来特别有节奏呀?平仄的问题非常复杂,我们在这里就不展开了,有兴趣的同学,可以去找著名古汉语学者王力教授的《诗词格律》一书来学习比对。

江南逢李龟年

【唐】杜甫

岐王宅里寻常见,

崔九堂前几度闻。

正是江南好风景,

落花时节又逢君。

【诗歌背景】

这首诗写于杜甫人生的最后一年。这是杜甫人生的"落花时节",也是整个唐朝的"落花时节"。过去在国家鼎盛之时,经常能在岐王、中书令崔九等达官显贵的居处听到李龟年的音乐表演,如今国家动荡,人们早已无心赏乐,李龟年也与杜甫一样流落江南。这首诗以个体生活动荡折射了整个时代的变迁,内涵丰富,意味隽永。清人邵长蘅云:"子美七绝,此为压卷。"

李龟年:开元时期"特承顾遇"的歌唱家。
岐王:唐玄宗李隆基的弟弟,本名李隆范,后为避李隆基的名讳改为李范,封岐王。
崔九:崔涤,出生于唐朝名门博陵崔氏,在兄弟中排行第九。崔涤是唐玄宗做临淄王时的邻居,两人关系交好。
江南:这里指今湖南省一带。
落花时节:此有多重含义,一指春天快要过去了;二指杜甫自己衰老飘零;三指唐朝走向没落,整个社会凋敝丧乱。

● 所有经历都是财富 ●

前面讲过,杜甫小时候的日子过得还算舒坦,家里条件不错,又逢太平盛世,读书游历,自由自在。三十多岁来到长安,开始遭遇现实的磨砺。杜甫早期有名的诗作并不多,创作的高峰集中在人生的后半段。历经了人生坎坷,眼见国家由盛转衰,充满"会当凌绝顶,一览众山小"的豪情的年轻人,被逐渐消磨成了"白头搔更短,浑欲不胜簪"的中年人。

安史之乱爆发,唐玄宗仓皇出逃,百姓流离失所。这对一个生长于盛世的人来说,是莫大的心灵冲击。杜甫自己也是颠沛流离,长期与妻孩分居两地,小儿子更是在战乱中因饥饿而死。一次次心灵冲击,都成了诗人创作的灵感。

安史之乱爆发后,杜甫曾被叛军俘虏,因为官小,叛军没有对他严加看管,杜甫找到机会逃了出来,辗转到了唐肃宗的行在之所,做上了"左拾遗"。虽说国家动乱,却也正是用人之际,原本是个可以施展才华的机会,可惜不过一年,即遭贬官。当时宰相房琯手下有个叫董庭兰(就是高适《别董大》中的"董大")的琴师,贪赃枉法被人抓住把柄,房琯因此被政治对手借机弹劾。唐肃宗本身也不太喜欢房琯,杜甫却上书帮房琯辩解,结果惹恼了肃宗。这之后,杜甫受到友人的提携,还有过一些做官的机会,但终究没有大的起色。杜甫自身的性格,也决定了他无法在官场上如鱼得水。

然而,所有经历都是财富,内心没有痛苦感受的人,人生是不够丰富的。国家衰败，妻离子散，壮志未酬，痛苦给杜甫的心灵以重击，使他迸发出深切厚重的感情。

青史留名的诗人，往往拥有非常丰富的阅历，也有非常丰富的精神世界。而在诗人中间，杜甫的诗又别具一格。正因为杜甫生活在社会的底层，他过的就是普通百姓的生活，他才会对战乱给百姓带来的灾难有如此真切的体会，才会写出"三吏""三别"这样史诗般的作品；正是因为他经历过长期的亲人分离，才能够体悟到不需要华美的宫殿，不需要崇高的地位，一家人能在一起，便是最真实的快乐。可以说是痛苦成就了杜甫，让他在中国文学史上留下浓墨重彩的一笔。

安史之乱平定后，杜甫一心返乡，辗转却一直未能如愿，最后在穷困潦倒中离世。杜甫去世时还没有活过一个甲子，他的诗却千古流传。

白居易

白居易 772 年出生于河南新郑的一个中小官僚家庭。那时的唐朝正处于安史之乱后藩镇割据的乱局之中，早已没有了从前的辉煌气象。白居易出生后不久，家乡便发生了战争。为躲避战乱，父亲白季庚把家人送往相对安全的宿州符离居住。

白居易学习刻苦，白天写诗作文，晚上挑灯苦读，几乎到了废寝忘食的地步。由于念书、吟诗太勤奋，他的口舌上竟生出疮来，又因终日伏案疾书，手上和臂肘上也磨出了硬茧，小小年纪就有了白发。由于勤学苦读，白居易从小就在十里八村有些名气。

十六岁时，白居易去往长安，拿着自己的诗作拜谒文坛大家顾况，得到顾况青睐，很快名声大振，未满三十岁就进士及第。807 年，白居易授翰林学士，次年任左拾遗，得到皇帝的赏识。他不畏权贵，尽言官之职频繁上书言事，并写了大量诗歌，反映社会现实，希望以此补察时政，然而他言事大胆率真，也常令唐宪宗感到不快，于是不久就免了他左拾遗的官职。

815 年，宰相武元衡遇刺身亡，唐宪宗龙颜大怒。白居易忘记了自己已不再是左拾遗，依旧像往常一样给皇帝上书，要求严惩凶手。他的做法引起一些大臣的不满，认为他犯了僭（jiàn）越之罪，于是白居易被贬为江表刺史。白居易的母亲因赏花时不慎坠井而亡，又有不少嫉恨他的人趁机落井下石，说他在母亲死后还写赏花的诗和有关井的诗，有伤孝道，于是朝廷很快又将他贬为江州司马。

被贬后的白居易心中郁闷，一次在浔阳江头送别客人时，偶遇一位年少因艺技红极一时、年老却被人抛弃的歌女，内心无限感慨，结合自己的遭遇，挥笔写下《琵琶行》，一句"同是天涯沦落人，相逢何必曾相识"，诉尽无数酸楚。后来白居易被调回京城，官至中书舍人，但他的很多政治主张依然不被重视。

822年，白居易请求外放，先后任杭州、苏州刺史，在当地都做出了一番政绩。离开朝廷后，白居易把更多精力投入到诗歌创作之中，在祖国大地的山水之间留下了大量脍炙人口的诗篇。

白居易晚年居住在洛阳香山，自号"香山居士"。早年的勤奋向学严重损害了白居易的身体，以至于年老后患上多种疾病。但性格开朗的他依然兴致盎然地写诗，记录那些或美好或有意义的人和事。846年，白居易在洛阳驾鹤西去，葬于香山，享年七十四岁。

白居易一生写诗刻苦至极，正如他自己所说："酒狂又引诗魔发，日午悲吟到日西"，所以人称白居易为"诗魔"。从少年时的苦读，到中年时的勤政，再到老年时的豁达，白居易用他的一生证明了两个字——励志。他的谦虚好学也和他的诗一起流芳百世，成为众人学习的楷模。

赋得古原草送别

【唐】白居易

离离原上草，一岁一枯荣。

野火烧不尽，春风吹又生。

远芳侵古道，晴翠接荒城。

又送王孙去，萋萋满别情。

【诗歌背景】

这首诗作于唐德宗贞元三年（788年），白居易当时只有十六岁。此诗是应考习作，按科考规矩，凡限定的诗题，题目前必须加"赋得"二字。作者通过对古原上野草的描绘，抒发送别友人时的依依惜别之情。据说白居易当时到文坛大家顾况的府上去干谒，顾况一看白居易这个名字，就打趣说："米价方贵，居亦弗易。"意思是长安物价贵，甭看你名字叫居易，但是要想留下来，有个片瓦遮身的地方也不容易。而当他看到这首《赋得古原草送别》时，立即改口说："道得个语，居即易亦。"意思就是说能写出这样的诗作，留在长安也很容易了。

离离：青草茂盛的样子。
王孙：借自楚辞成句，泛指行者。"王孙游兮不归，春草生兮萋萋"说的是看见萋萋芳草而怀思行游未归的人。而这里却变其意而用之，写的是看见萋萋芳草而增送别的愁绪，似乎每一片草叶都饱含别情，那真是"离恨恰如春草，更行更远还生"（李煜《清平乐》）。
萋萋：形容草木长得茂盛的样子。

白居易和元稹的友情

元稹是白居易一生中关系最好的朋友。元稹（779年生人）比白居易（772年生人）小七岁，却比白居易（846年卒）早十五年离开人世。

白居易与元稹相识于贞元十七年，801年，当时白居易进士及第，元稹则考中了明经科，后来通过了吏部的"书判拔萃科"考试。803年，白居易和元稹同时被授予校书郎的官职。这是个没什么事可做的闲职，二人便一起游山玩水、饮酒赋诗，成为亲密无间的朋友，由于关系亲密，白居易从不直呼元稹的名字，因元稹在家排行老九，所以白居易就叫他元九。二人还共同推动新乐府运动，被合称为"元白"。

后来因为经常有工作调动，白居易和元稹聚少离多，写信就成了两人最常用的联系方式。据后人统计，两人相识三十余年，来往通信有1800多封，互赠诗篇接近1000篇。

元稹因母亲去世，归乡守丧，没有了收入来源，日子过得十分艰苦，这时，是白居易大力资助他，帮他度过了那段艰难的日子。之后，白居易也因为母亲去世回乡守丧，元稹同样慷慨解囊相助。

后来元稹被贬为通州司马，白居易被贬为江州司马，两人一南一北，彼此相隔千里，潦倒困苦中，只能以诗述怀，以友情相互慰藉。白居易曾说两人"心事一言知"，意思就是白居易说一句话,元稹就能知道他的心事,这样默契的友情真是太难得了。到了831年元稹去世,白居易强忍着悲痛为他写下了墓志铭,并把元家给的谢金布施给了一个寺庙。元稹死后,白居易也写了很多诗文来怀念他,感慨自己一生最大的幸运就是能够遇见陪自己走过磨难和幸福的好友元稹。

钱塘湖春行

【唐】白居易

孤山寺北贾亭西,水面初平云脚低。

几处早莺争暖树,谁家新燕啄春泥。

乱花渐欲迷人眼,浅草才能没马蹄。

最爱湖东行不足,绿杨阴里白沙堤。

【诗歌背景】

这是一首描绘西湖美景的名篇,此诗处处紧扣环境和季节的特征,把刚刚披上春天外衣的西湖,描绘得生意盎然,恰到好处,充分地表现了西湖的美景神韵。

钱塘湖:即杭州西湖。
孤山寺:南北朝时期陈文帝(522~565)初年建,名承福,宋时改名广华。孤山:在西湖的里、外湖之间,因与其他山不相接连,所以称孤山。上有孤山亭,可俯瞰西湖全景。
贾亭:贾公亭。此亭为唐贞元时期,贾全任杭州刺史时所建,现已不存。
白沙堤:即为现在的白堤。但并不是白居易所筑,当年白居易所筑的堤坝现已不存。有可能正是因为白居易很喜欢这一带的景色,因而被认为此处的"白沙堤"就是白居易所筑的堤坝,也有可能是后人为了缅怀白居易,仍然将它称为白堤。

大林寺桃花

【唐】白居易

人间四月芳菲尽,山寺桃花始盛开。

长恨春归无觅处,不知转入此中来。

【诗歌背景】

这首《大林寺桃花》写于817年,当时白居易四十六岁。他的人生追求已经从"达则兼济天下"转变到了"穷则独善其身"。这一时期白居易的文学成就得到了很大发展,创作出了很多流传千古的诗篇。据《游大林寺序》记载:"余与河南元余与河南元集虚……登香炉峰,宿大林寺……如正、二月天。"也就是说白居易并不是专门去大林寺看桃花,只是和朋友春游路过那儿住了一宿。

大林寺:在庐山大林峰,相传为晋代僧人昙诜所建。
人间:指庐山下的平地村落。
芳菲:盛开的花,亦可泛指花,花草艳盛的阳春景色。
长恨:常常惋惜。
不知:岂料、想不到。

问刘十九

【唐】白居易

绿蚁新醅酒,红泥小火炉。

晚来天欲雪,能饮一杯无?

【诗歌背景】

《问刘十九》是白居易晚年隐居洛阳时思念友人所作。刘十九是作者在江州时的朋友。全诗表情达意主要靠"新酒""火炉""暮雪"三个意象组合完成,浅进的语言写出了日常生活中的美和真挚的友情。

绿蚁:浮在没有过滤的米酒上面的绿色泡沫。
醅:酿造。
刘十九:十九是他在家中同辈人中排行第十九(这个排行是按爷爷辈来计算的,同父的兄弟、伯父、叔父的儿子全都计算在内),大名叫刘禹铜,和刘禹锡是亲戚,刘禹锡在家排行第二十八,算是刘禹锡的堂哥。白居易留下的诗作中,提到刘十九的不多,仅两首。但提到刘二十八、二十八使君的,就很多了。刘二十八就是刘禹锡。
无:表示疑问的语气词,相当于"么"或"吗"。

刘禹锡

刘禹锡出生于 772 年,从小学习诗词歌赋、儒家经典,小小年纪就在写诗方面表现出天赋。

二十岁出头时刘禹锡到长安参加科举考试,顺利进士及第,当年同榜还有一位名人,就是柳宗元。刘禹锡在三十多岁时做了监察御史,同一时期,韩愈和柳宗元也开始在官场站稳脚跟,三人结下了深厚的友谊。当时的唐朝正在走下坡路,不是边疆战事,就是官廷变故,百姓税赋居高不下……刘禹锡、柳宗元等人希望能为百姓做点实事,他们开始思考除弊兴利,发动改革。原太子侍读王叔文、王伾(pī)两位官员也想着辅佐皇帝,推动国家变革。刘禹锡因才华出众得到王叔文的器重,被一路提拔,官一直做到仅次于国家财政部部长的位置,跟柳宗元一起成为改革集团的核心人员。

在唐顺宗的支持下,"二王刘柳"这四位官员提出了很多有进步意义的改革举措。但和历史上的很多改革一样,他们也遇到了阻力。改革就要除旧布新,除旧就会触碰到既得利益者的"蛋糕",那这些既得利益者是谁呢?在唐朝衰落的过程中,割据一方的藩镇、作乱后宫的宦官就是两个既得利益集团。藩镇是地方政权，掌权的是各藩镇的节度使，他们握有地方的行政权、军事权、财政权，可谓大权在握；而宦官作乱，从安史之乱以后就没有消停过。在这些藩镇、宦官，还有一部分大臣的联合反击之下，很快"二王刘柳"集团的改革演变成了一场政治斗争。支持他们改革的唐顺宗被迫退位，太子李纯（唐宪宗）继承皇位，王叔文被赐死，王伾被贬后不久便病逝，刘禹锡和柳宗元等八人的官职被一降到底，他们先被贬为刺史，后又被贬为司马。所以这个事件在历史上被称为"二王八司马"事件。

经历了八司马事件之后，刘禹锡的仕途布满了荆棘。一路贬官下去，在司马这个基层职位上一干就是十年。十年之后，唐宪宗发现国家的确是需要改革了，又把刘禹锡、柳宗元等人召回京城。刘禹锡没有办法跟朝廷中那些昏聩的当权派同流合污，很快又一次遭到贬官，被贬到了凄凉荒远的巴山楚水，也就是今四川云南一带，再次远离朝廷政治中心。而这次贬官持续了足足十三年。历经前后二十三年的贬谪岁月，那个年轻有为的刘禹锡已经快到花甲之年。回望这漫长岁月，宦海沉浮、世事沧桑，这一切值得吗？恐怕没有答案，又或许每个人自有答案。但不论怎样，这段曲折的岁月也成就了文学上的刘禹锡，"沉舟侧畔千帆过，病树前头万木春""种桃道士归何处，前度刘郎今又来"，这些流传千古的诗句让后人真切感受到了刘禹锡不畏权贵、乐观通达的品性。不汲汲于富贵，不戚戚于贫贱，为人作诗都豪迈洒脱，乐观向上，"诗豪"的美誉当之无愧。

秋词二首·其一

【唐】刘禹锡

自古逢秋悲寂寥,我言秋日胜春朝。

晴空一鹤排云上,便引诗情到碧霄。

【诗歌背景】

　　这首诗是诗人被贬朗州司马时所作。刘禹锡因八司马事件被贬到朗州(今湖南常德)时才三十四岁,正春风得意之时被赶出朝廷,其苦闷是可想而知的。但这首《秋词》一反常调,丝毫没有前人悲秋的伤感,而是另辟蹊径,以高昂的精神和开阔的胸襟绘出了非同凡响的秋色。全诗气势雄浑,意境壮丽,字里行间洋溢着豁达的情怀和奋发向上的诗情,给人一种励志冶情的美的感受,为后人留下一份难能可贵的精神财富。

悲寂寥:悲叹萧条寥落的景色。
春朝:春天。
排:推开,有冲破的意思。
诗情:作诗的情绪、兴致。
碧霄:蓝天。

刘禹锡

竹枝词·其一

【唐】刘禹锡

杨柳青青江水平,闻郎江上唱歌声。

东边日出西边雨,道是无晴还有晴。

【诗歌背景】

822年(唐穆宗长庆二年)正月至824年(长庆四年)夏刘禹锡在夔(kuí)州任刺史,夔州在现在的重庆市。如今的重庆已经发展成为了现代化大都市,而那个时候却是偏远贫荒之地,"巴山楚水凄凉地"指的就是这一带。官场上的失意和所处环境的恶劣,并没有影响到刘禹锡的心情。就算人生中遇到再大的波折,他也能以乐观的心态去面对。这首《竹枝词》就是在那时写的,全诗语言平易,诗意清新,情调纯朴,历来为读者所喜爱。

竹枝词:巴渝(今四川、重庆)一带的民歌。歌词杂咏当地风物和男女爱情,富有浓郁的生活气息。这一优美的民间文学形式,曾引起一些诗人爱好并仿制。刘禹锡仿作的《竹枝词》现存十一首。
晴:与"情"构成一个谐音,诗人用谐音双关的手法,表面上说天气,实际上是说这歌声好像"无情",又好像"有情",难以捉摸。不管最后天有没有放晴,也不管姑娘小伙儿最后有没有终成眷属,反正刘禹锡这文字游戏,玩得是真聪明。

酬乐天扬州初逢席上见赠

【唐】刘禹锡

巴山楚水凄凉地,二十三年弃置身。

怀旧空吟闻笛赋,到乡翻似烂柯人。

沉舟侧畔千帆过,病树前头万木春。

今日听君歌一曲,暂凭杯酒长精神。

【诗歌背景】

826年,刘禹锡在二度贬官之后,应召重回洛阳。在回洛阳的途中,路过扬州时遇到了好友白居易(字乐天)。白居易很同情刘禹锡的遭遇,于是在饭桌上为刘禹锡作诗,把他二十三年的蹉跎岁月都写了进去,诗名是《醉赠刘二十八使君》,表达了自己对刘禹锡二十三年贬谪遭遇的同情和惋惜。刘禹锡于是就回赠了这首酬答之作,在诗中既表达了感谢,也写出了宦海浮沉的感悟,还抒发了自己的乐观情怀。

闻笛赋:指的是西晋向秀的《思旧赋》。三国末期,向秀的好友嵇康、吕安因不满司马氏篡权被杀害,后来向秀经过嵇康、吕安的故居时,听到了邻居在吹笛子,悲从中来,于是写了《思旧赋》来怀念自己的两位好友。刘禹锡借用这个典故,就是在怀念已经逝去的王叔文、柳宗元等人。

烂柯人:传说晋朝人王质上山砍柴,看见两个童子在下棋,就停下观看。等棋局终了,他手中的斧柄(柯)已经朽烂。回到村里,才知道已过了一百年,同代人都已经亡故。作者以此典故表达自己遭贬二十三年的感慨,也表达世事沧桑,人事全非,暮年返乡恍如隔世的心情。

韩愈

韩愈，字退之，号昌黎先生。"愈"字，有向前的意思，古人的"名"与"字"往往相关，既然"名"中的"愈"是向前，那么"字"就用"退之"，这是"反义相对"。有进有退，才能张弛有度。韩愈在三岁时父亲去世，由大哥韩会抚养。他从小读书刻苦，七岁时言出成文，十三岁就能写文章。

韩愈所处的中晚唐时期，藩镇割据严重，百姓生活困苦，他不得不随大嫂郑夫人到宣州（现在的安徽宣城）避乱。十八岁时韩愈离开宣州，只身来到长安。一年之后，韩愈拿到了一个乡贡的资格参加科举考试，不幸名落孙山。接下来的两次科举考试都以失败告终。可是韩愈不服输，屡战屡败又屡败屡战，回到宣州继续发奋苦读，三年后第四次参加科举考试，终于大功告成。

虽然第四次考试金榜题名，但韩愈的仕途之路还有很多不顺。科举考试过关，并不是直接进了仕途的保险箱，除非考进前三名（状元、榜眼、探花）。如果考试名次靠后，还要再经过吏部另外举行的考试，没成想，韩愈在吏部举行的考试中又失败了。794年，二十六岁的韩愈再度参加吏部的考试，还是没考上。一年后，他

第三次参加吏部的考试,仍以失败告终。至此,韩愈决定不考了,他直接给宰相上书,想通过文章,把自己的想法和能力展现给宰相,说不定宰相就给他机会了。结果韩愈同学上书三次,都没有得到任何回复。而此时,他在长安城前后已待了九年,没有稳定的收入,已到了穷困潦倒的境地。无奈之下,韩愈只能带着深深的遗憾,离开了长安城。

801年,三十三岁的韩愈终于通过了吏部的考试,有了一个国子监四门博士的官职。主要是为皇上拟奏章,做记录汇总这种类似书记员的工作。过了两年,韩愈升任监察御史,主要负责对官员的监督。他在任上写了一篇名为《论天旱人饥状》的奏疏,揭露地方官员谎报灾情,赈灾不力。可这份奏疏不但没呈送到皇上手里,韩愈还反遭诬害,被贬去做了连州阳山县令。

808年,韩愈又回归朝廷,当了国子博士,815年被晋升为中书舍人,后因平定淮西有功,被授予刑部侍郎,几年后又转任吏部侍郎。

韩愈在政坛颇有作为,在文坛上也逐渐树立起了自己的地位。很多优秀的知识分子都跟韩愈有交往,例如白居易、张籍、柳宗元、孟郊、贾岛等等。韩愈、柳宗元共同倡导了"古文运动",提倡"文以载道",后被人们合称为"韩柳"。孟郊比韩愈大十七岁,二人在参加科举考试的时候相识,贾岛比韩愈年轻,少年就皈依佛门,在韩愈的规劝下还俗入仕。在中国古典诗中,有一个流派叫"韩孟诗派",讲究用典,倡导"无一字无来历",其代表人物,正是此三人。

随着韩愈的名望越来越大,读书人亦把韩愈看作龙门,能够拜在韩愈门下就相当于鲤鱼跳龙门了。李贺是晚唐很有名的诗人，人称鬼才。据说李贺曾拿着自己写的《雁门太守行》到韩愈府上干谒，得到韩愈的赞赏。韩愈还曾提携过后来官至宰相的牛僧孺。韩愈作为中国传统知识分子社交网络的一个节点式的人物，倡导尊师重道、积极提携后辈，以其谦逊的人格和厚实的才学在当世就获得了文坛领袖的地位，更被后世尊为"百代文宗"。

晚春

【唐】韩愈

草树知春不久归,百般红紫斗芳菲。

杨花榆荚无才思,惟解漫天作雪飞。

【诗歌背景】

写这首《晚春》的前一年,即815年,韩愈被晋升为中书舍人,当时正是韩愈仕途春风得意的时候,但是他仍然不忘劝勉自己,不能得意忘形,要乘势而进,实现自己的价值,就像漫天飞舞的杨花榆荚,虽然不美,但尽其所能为晚春增添一景。

归:不是指春回大地的意思,而是春天要"回去"了,就是春天要结束了的意思。因而"春回"和"春归"是两个相反的含义。
杨花:指柳絮。
榆荚:榆树的果实。榆树是先结果子,后长叶子,然后连缀成串,形似铜钱,所以榆树的果实也叫榆钱。
无才思:在这里指的是柳絮和榆荚没有姿色。实则是说一个人没有才华和能力。

早春呈水部张十八员外二首·其一

【唐】韩愈

天街小雨润如酥,草色遥看近却无。

最是一年春好处,绝胜烟柳满皇都。

【诗歌背景】

这首诗作于唐穆宗长庆三年(823年)早春,是韩愈写给他的门生张籍的。当时韩愈已经56岁,任吏部侍郎。此前不久,镇州(今河北正定)藩镇叛乱,韩愈奉命前往宣抚,平息了叛乱。穆宗非常高兴,把他调为吏部侍郎。此诗写成后一年韩愈就去世了,但整首诗丝毫没有暮霭沉沉的阴郁,反而给人以轻快明朗之感。诗中表达出的那种蓬勃向上的心态,不像是临近六十岁的人所作。看得出,韩愈状态很好。只是可惜,这绝胜烟柳满皇都的"春好处",韩愈已是最后一度相见了。

张十八员外:指的是张籍。当时张籍的职务是水部员外郎,因他在兄弟辈中排行第十八,所以韩愈称他为张十八员外。
天街:京城的街道。
酥:酥油,这里形容春雨的细腻。
最是:正是。
绝胜:远远超过。

郊寒岛瘦

贾岛和孟郊二人在文学史上留下的记载相对模糊，成就之外难免有一丝落寞，亦有一点神秘。

两人的早岁光阴都没什么可信的记载。据说孟郊是个不太好相处的人，性格孤僻，少与人往来，年纪轻轻就隐居山林，到三十多岁，小有诗名，为深研茶道的陆羽（《茶经》的作者）题过诗。贾岛呢，只知道他出身寒门，走的不是寻常路，幼年出家，青灯古佛的孤凄生活为他后来的创作铺下了枯寂寒凉的底色。十九岁以出家人身份云游，结识比自己大二十八岁的孟郊，这对忘年交很有缘，脾气秉性乃至人生阅历也颇有近似之处。两人都受韩愈推崇，贾岛年轻，据说因为"推敲"二字而深得韩愈赏识，在韩愈的鼓励下还俗参加科举考试，只可惜屡试不第。孟郊年长，四十岁出头才结识韩愈，因得了韩愈的推荐而诗名大振。

韩愈本人写诗，笔力健劲，恣意铺陈排比，造出险峻境界，立意奇崛。孟郊和贾岛都是近似的路数。孟郊选材开阔，以中下层士人视角表现社会生活，文笔上古朴凝练，不落俗套，用字常见艰涩险奇。贾岛更是如此，不论是推敲的故事，还是半带自嘲的"两句三年得",都不难想见其为求一字避俗,所花的极大心血。所以后人称孟郊为"诗囚",贾岛为"诗奴"。比起"诗仙""诗圣""诗佛"的名号,这两位真该"双泪流"了。

文学家风格的形成,是多种因素共同作用的结果。一是时代大环境,孟、韩、贾生活的年代已是中唐,随着大唐盛世气象的衰落,那种澎湃喷涌难以抑制的激情活力早已不见,所以题材转向民间,文笔追求精准。二是诗人自身的阅历,孟郊早岁隐居,贾岛幼年出家,都是异乎俗流的出身。老成如杜甫,年轻时尚且"一览众山小",岛瘦郊寒二位,却从未有过此种气魄。这样的阅历和心境,又怎么写得出热闹繁华?落笔处,必是一派清瘦寒凉了。

"岛瘦郊寒"说的是诗风,瘦骨嶙峋中透出险峻劲道,不过现实中的贾岛,据说是个胖子。钱锺书先生在《围城》里提过一句:"做诗的人似乎不宜肥头胖耳,诗怕不会好。忽然记起唐朝有名的寒瘦诗贾岛也是圆脸肥短身材……"鄙人才疏学浅,不知钱老所引何典,若贾岛真是个胖子,倒着实有点出人意料了。

游子吟

【唐】孟郊

慈母手中线，游子身上衣。

临行密密缝，意恐迟迟归。

谁言寸草心，报得三春晖。

【诗歌背景】

这首《游子吟》是孟郊在溧阳所写。孟郊一生穷困潦倒，直到五十岁时才得到了一个溧阳（今江苏境内）县尉的官职。结束了长年的漂泊生活，便将母亲接来同住。诗人饱尝了世态炎凉，更觉亲情可贵，于是写出这首感人至深的颂母之诗。

游子：古代称远游旅居的人，此处指诗人自己。吟：诗体名称。
意恐：担心。
寸草：小草，在这里比喻子女。
心：一语双关，既指草木的茎干，也指子女的心意。
三春晖：春天灿烂的阳光，指慈母之恩。三春：旧称农历正月为孟春，二月为仲春，三月为季春，合称三春。晖：阳光。形容母爱如同春天温暖和煦的阳光照耀着子女。

题李凝幽居

【唐】贾岛

闲居少邻并，草径入荒园。

鸟宿池边树，僧敲月下门。

过桥分野色，移石动云根。

暂去还来此，幽期不负言。

【诗歌背景】

　　这首诗的具体创作时间不详。作者走访友人李凝未遇，于是有感而发，创作了这首诗。诗的颔联两句特别有名："鸟宿池边树，僧敲月下门。"究竟是"僧敲月下门"，还是"僧推月下门"，直到现在还存有争议。

邻并：邻居。
荒园：代指李凝的家。
僧：代指作者自己。贾岛年少时曾出家为僧，后来还俗。这段经历还是比较特别的，很多诗人都有佛缘，但是像贾岛一样皈依佛门的太少了。
分野色：有一座桥把山野景色分开。
移石动云根：古人认为云是触石而生，所以把石头称为云的根。在国画中也有所体现，往往画中的石头以云根的形式出现时，天上就会有云作为呼应。此句意思为云朵在飘动，山石好似也在移动。
期：约定。
负言：食言。

● 关于"推敲"的小故事 ●

贾岛写诗一直以来都是字斟句酌,他提倡要反复推敲,一个字不仅要用到最好,还要讲究来历出处。贾岛写的这首《题李凝幽居》,在古典文学史上还有一个流传已久的故事。李凝是贾岛的朋友,也是个隐士。有一次,贾岛走访李凝未果,从李凝家离开后决定写此诗,他一路冥思苦想,一边走,一边琢磨用词。贾岛想啊想,到了"僧敲月下门"这一句,琢磨不透了——到底是"敲"好,还是"推"好呢?想着想着,贾岛的手就开始模仿起"敲"和"推"的动作。结果,贾岛琢磨得太投入了,没注意到迎面撞上一队人马,正是韩愈带着车马出巡。韩愈当时已经是京兆尹了,他出行的阵势可是不小的。左右侍从把贾岛带到韩愈面前,韩愈询问情况,贾岛如实相告。韩愈听后,觉得很有意思,就和贾岛一起讨论是用"敲"好,还是用"推"好。这就是"推敲"一词的由来。

那诗中到底用哪个字更好呢?有人认为用"敲"字更好,因为在幽静的环境中出现敲门声,更能显出静谧寂寥之感,而且也更有礼貌。用"推"也讲得通,一个荒园子,应该是不会锁门的,贾岛跟李凝又是好友,因此他可以直接推门而入。文学是可以有多重解读的,"一千个人心中有一千个哈姆雷特"。好诗就是如此,每个人对意境的理解会有所不同,关键在于,以怎样的心境去构思和体会,心境不同,理解自然也会不同。

李贺

李贺生在中唐时期，是唐高祖李渊的叔父李亮的后裔，对这个出身，李贺自然引以为傲。但从李渊开国到李贺所处的年代，已隔了近两百年的时间，李贺这一脉早已世远名微，家道中落。李贺也只做过两年九品小官。后因身体抱恙，告病回家休养。此后又给人当了三年多幕僚，最后也还是功名未成。不久之后，常年体弱多病的李贺抑郁而终，年仅二十七岁。

李贺七岁能诗，又擅长"疾书"，他喜欢身背布囊骑着小毛驴到处逛，一有灵感便写成诗文，回到家废寝忘食地整理。不仅有天赋，而且肯努力，李贺很快就名扬京洛。

807年，十八岁的李贺带着自己的诗作《雁门太守行》去干谒韩愈，得到韩愈赞赏。本想早登科第，振其家声，却因父亲去世，不得不回乡服丧三年。三年之后，李贺参加进士考试，本是信心满满，却因其父名中的"晋"跟进士及第的"进"谐音，被嫉恨他的人恶意利用，说李贺若参加考试，就是在犯他老爹的名讳。就这样，他的科举之路被阻断。后又经人推荐，李贺到长安任奉礼郎，从九品。"牢落长安"的三年间，李贺亲身经历、耳闻目睹了许多社会现实，在诗歌创作上大获丰收。他的诗作极富想象力，善用神话传说，托古寓今，在中唐诗坛独树一帜，李贺也因此被后人誉为"诗鬼"。

南园十三首·其五

【唐】李贺

男儿何不带吴钩，收取关山五十州。

请君暂上凌烟阁，若个书生万户侯？

【诗歌背景】

《南园十三首》是组诗，这里选的是第五首。李贺是个书生，早就诗名远扬，本可以才学入仕，但这条进身之路被"避父讳"这一封建礼教无情地堵死了，使他没有机会施展自己的才能。诗中两个设问，表面是表达自己弃笔从戎的决心，实则顿挫激越，而又直抒胸臆，把家国之痛和身世之悲都淋漓酣畅地表达了出来。

吴钩：一种头部呈弯钩的佩刀。
凌烟阁：唐朝为表彰功臣而建筑的绘有功臣图像的高阁。
若个：哪个。
万户侯：受封食邑达一万户的侯爵，借指高位厚禄。

雁门太守行

【唐】李贺

黑云压城城欲摧,甲光向日金鳞开。

角声满天秋色里,塞上燕脂凝夜紫。

半卷红旗临易水,霜重鼓寒声不起。

报君黄金台上意,提携玉龙为君死。

【诗歌背景】

　　关于此诗创作年份有两种说法。一种是说此诗创作于 814 年,当年张煦领兵征讨雁门郡之乱,李贺即兴赋诗鼓舞士气。另一种说法是 807 年李贺以此诗干谒韩愈,这首诗很好地展现了李贺的"鬼才",其最大的特点就是色彩的运用,黑色、金色、红色、紫色相互碰撞,描绘出边塞风光和瞬息万变的战争风云。以浓艳斑驳的色彩描绘悲壮惨烈的战斗场面在古诗中很少见,李贺却能运用自如,不仅突显出战争的紧张气氛,还彰显了豪迈之气。

雁门太守行:古乐府曲调名。雁门,郡名。古雁门郡大约在今山西省西北部,是唐朝与北方突厥部族的边境地带。
甲光:指铠甲迎着太阳闪闪发光。
燕脂:即胭脂,这里指暮色中塞上泥土有如胭脂凝成。
易水:河名,源出今河北省易县。易水距塞上尚远,此处借荆轲故事以言悲壮之意。
黄金台:故址在今河北省易县东南,相传战国燕昭王所筑。
玉龙:宝剑的代称。

李商隐

　　李商隐是晚唐时期的诗人，出生在813年，于858年前后去世，只活了四十五岁。李商隐的运气非常不好，为什么呢？因为他完整地赶上了晚唐时期的"牛李党争"。牛、李指的是牛僧孺和李德裕。牛李二党不仅各自徇私，还相互倾轧，把朝堂搅得乌烟瘴气。从821年开始，牛僧孺首先得势，也就是说在李商隐七八岁的时候牛李党争就开始了，等到李商隐二十来岁出来做官的时候，正好是牛李党争最激烈的时候，这场争斗前后持续了四十多年，贯穿了李商隐的一生。而李商隐的政治生涯就被这样一场争斗毁掉了。

　　李商隐不到十岁的时候，父亲就去世了。由于生活比较艰难，他不得不抄书卖钱，补贴家用。据说李商隐五岁诵经书，七岁弄笔砚，很小的时候就已经能写诗作文了，十六时因作《才论》《圣论》名噪一时。当时有一位叫令狐楚的文坛前辈对李商隐的才情十分赏识，将他收入自己的门下，悉心教导。李商隐在二十四五岁时考中进士，之后应试吏部博学鸿词科，因遭人嫉妒被刷下，于是去了泾原节度使王茂元府上做幕僚。王茂元不仅在工作上认可李商隐，还非常欣赏李商隐的才华，把自己的女儿嫁给了他。此时的李商隐可以说是前途一片光明，可没想到，正是和王茂元女儿的婚姻把他拖进了牛李党争的漩涡。

李商隐这位老丈人和牛李党争中的李党领袖李德裕关系很好，可偏偏令狐楚父子是牛党的骨干人物。这下，夹在中间的李商隐境遇就很尴尬了，他是先跟令狐楚父子结交的，相当于凭借着牛党的关系进入仕途，所以官场中人自然都把李商隐当成牛党的人。可他娶了王茂元的女儿之后，从亲属关系上又成了李党这边的人。在当时的官场上，不肯站队，做中间派，只会招来两党共同的敌视。结婚以后，令狐楚家跟李商隐的关系就大不如前了，他们甚至觉得李商隐和李党结亲，是对令狐楚、对牛党的背叛，随之，整个牛党都不再接纳李商隐了。

其实对李商隐来说，他是被命运裹挟着走到了这一步的，只是命运给李商隐开了一个巨大的玩笑。很快李商隐的仕途就遇到了各种挫折。李商隐一踏上官场，得到的职位很小，且处处受牛党掣肘。而反过来，李党一边，因为李商隐的出身是牛党，所以并不把李商隐当成自己人，两个政治派系都不接纳李商隐，于是李商隐就成了牛李党争中的夹板，成了牺牲品。在两党的政治斗争中，他完全没有掌控自己命运的能力，一世为官只能庸庸碌碌，无所建树。不过，官场失意也许从某种角度，反倒成就了诗坛上的李商隐，让他可以有更多时间去创作，有更多的心得体会、甚至更多的愤懑去抒发，从而将唐诗推向了又一个高峰。

锦瑟

【唐】李商隐

锦瑟无端五十弦，一弦一柱思华年。

庄生晓梦迷蝴蝶，望帝春心托杜鹃。

沧海月明珠有泪，蓝田日暖玉生烟。

此情可待成追忆？只是当时已惘然。

【诗歌背景】

此诗大概于作者晚年所作，诗题"锦瑟"并无实际意义，只是按照诗的惯例来说篇首要有题目，这其实是一首借"锦瑟"二字隐题的无题诗。有人认为此诗创作于李商隐妻子亡故之后，五十弦有断弦之意，表达对妻子的思念。也有人认为李商隐在"牛李党争"左右为难，屡遭排斥，而又中年丧妻，所以是在自伤身世。诗中大量用典，借以追思美好年华，感叹人生世事，抒发悲伤之情。

锦瑟：装饰华美的瑟。瑟：拨弦乐器，通常二十五弦。

望帝春心托杜鹃："望帝"指古蜀皇帝杜宇。杜宇为了国富民强，把王位禅让给了当时很有才能的鳖灵，自己却国亡身死，名声还受到了侮辱。悲伤的杜宇化为了杜鹃鸟，夜夜悲鸣至吐血。古诗文当中常常以杜宇化鹃这个典故来形容悲戚之情。

珠有泪：《博物志》载："南海外有鲛人，水居如鱼，不废绩织，其眼泣则能出珠。"诗人把鲛人泣泪的民间传说作为一个典故夹杂在里面，给人一种忧伤之感。

无题·相见时难别亦难

【唐】李商隐

相见时难别亦难,东风无力百花残。

春蚕到死丝方尽,蜡炬成灰泪始干。

晓镜但愁云鬓改,夜吟应觉月光寒。

蓬山此去无多路,青鸟殷勤为探看。

【诗歌背景】

唐朝人崇尚道教,李商隐在十五六岁的时候,即被家人送往玉阳山学道。其间与玉阳山灵都观女氏宋华阳相识相恋,但两人的感情却不能为外人所知,而作者的内心又始终交杂着爱而不得的失落和渴望,因此他只能以诗记情,并隐其题,委婉含蓄而又深情无限。

无题:唐代以来,有的诗人不愿意标出表示主题的题目时,常用"无题"作诗的标题。
丝方尽:丝,与"思"谐音,以"丝"喻"思",含相思之意。
泪始干:泪,指燃烧时的蜡烛油,这里取双关义,指相思的眼泪。
晓镜:早晨梳妆照镜子。镜,用作动词,照镜子的意思。
云鬓:女子多而美的头发,这里比喻青春年华。
蓬山:蓬莱仙山,这里借指所思女子的住处。
青鸟:神话中为西王母传递音讯的信使。

无题·昨夜星辰昨夜风

【唐】李商隐

昨夜星辰昨夜风,画楼西畔桂堂东。

身无彩凤双飞翼,心有灵犀一点通。

隔座送钩春酒暖,分曹射覆蜡灯红。

嗟余听鼓应官去,走马兰台类转蓬。

【诗歌背景】

诗人追忆昨夜参加的一次贵家后堂之宴,表达了与意中人席间相遇、旋成间阻的怀想和惆怅。但结合最后一句"走马兰台类转蓬"看,又似乎有一种对命运如风中蓬草一般,不由自己掌控的感悟,结合李商隐一生夹在牛李党争中的无奈,反倒能从中读出一些别样的滋味。

画楼:指彩绘华丽的高楼。**桂堂**:形容厅堂的华美。
灵犀:古代传说犀牛角有白纹,感应灵敏。后来以灵犀比喻心领神会,感情共鸣。
隔座送钩:即古代腊日的一种游戏,隔着座位互相猜钩在谁手中。
分曹:分组。
射覆:把东西放在遮盖物下使人猜。
听鼓应官:相当于上班。古代官府卯刻击鼓,召集僚属,午刻击鼓下班。
兰台:即秘书省,掌管图书典籍。李商隐曾任秘书省正字。

杜牧

杜牧出身于书香门第、官宦人家。祖父是唐中叶政治家、史学家杜佑,官至宰相,其父杜从郁也在朝为官。杜牧曾赋诗形容自己的家庭"旧第开朱门,长安城中央。第中无一物,万卷书满堂……"由于家庭环境的熏陶,杜牧自小饱读诗书,才华出众。

杜牧十几岁的时候,正值唐宪宗讨伐藩镇,振作国事,小小年纪的他也深受鼓舞,立志复兴大唐。年轻时的杜牧博通经史,尤其专注于治乱与军事,特别是有一次献计平虏,被宰相李德裕采用,大获成功。杜牧还专门研究过《孙子兵法》,写过十三篇《孙子》注解。要知道三国时期的曹操,打了半辈子仗才敢给《孙子兵法》作注释,而杜牧读了两年就注解了十三篇,由此可见他的军事天分。杜牧在二十三岁时因作《阿房宫赋》而声名大显,二十六岁考中进士,从此步入仕途。这位从朱门走出的才子,前半生可谓顺风顺水。

出身贵族、文采逆天、军事能力惊人,这样的人注定是要干大事的吧?只是当时的大唐早已乱象丛生。朝外面临严重的藩镇割据,朝内"牛李党争"闹得不可开交。走上仕途、准备挥洒青春与热血的杜牧，就必须选择站队。杜牧家与李德裕家是世交，李德裕开始也把杜牧当作自己人，在他还没有中进士的时候，就采用了他的军事谋略。而833年，杜牧又接受了淮南节度使牛僧孺授予的官职。

有时候，乱站队比不站队更可怕。也许是杜牧这方面觉悟不高，也许是杜牧一心想要施展抱负，从来是对事不对人。但从一些人那看来杜牧这就是"脚踏两只船"，以至于"牛李"二党都不把他当作自己人，不敢重用他。对这样的局面，辅佐君王、排兵布阵的光辉景象就别想了，能写写文章、做做幕僚、当当刺史就已经很不错了。835年，杜牧被朝廷征为监察御史，在东都洛阳上任。在洛阳期间，由于职务清闲，他四处凭吊古迹，写下了不少著名的诗篇。

后来，杜牧又先后任过考功郎中、知制诰等官职，后又迁中书舍人。闲暇之余，杜牧重新整修了祖上的樊川别墅，经常在这里以文会友，自号樊川居士。历经宦海沉浮和人生起落，他的桀骜和不甘最终都化为了阅尽世事的平静。852年冬天，杜牧因病重驾鹤西去。

本想驰骋疆场，建功立业，但是，杜牧却被时代命运所驱使，做了一个落拓的诗人，这到底是幸还是不幸呢？其实从古至今，多少文人都有如此境况，近处有苏东坡、李煜，远处有王羲之、屈原。他们一面在现实中被时代所误，一面却又在艺术的通途上为时代所成就，以一种也许他们未曾料及的方式，在历史中留下不可磨灭的印记。

泊秦淮

【唐】杜牧

烟笼寒水月笼沙,夜泊秦淮近酒家。

商女不知亡国恨,隔江犹唱后庭花。

【诗歌背景】

杜牧一直心系江山社稷,忧心于千疮百孔的晚唐王朝。诗人夜泊秦淮河岸,眼见灯红酒绿,耳闻淫歌艳曲,想到唐王朝国势日衰,而当权者却昏庸荒淫,沉湎歌舞享乐,心中感慨万千,于是写下了这首《泊秦淮》。借陈后主(陈叔宝)因追求荒淫享乐终至亡国的历史,讽刺警示那些醉生梦死的晚唐统治者,表现了诗人对国家命运的关怀和深切的忧虑。

秦淮:秦淮河,经南京流入长江。相传为秦始皇南巡会稽时开凿,故称秦淮河。
泊:停泊。
商女:以卖唱为生的歌女。
后庭花:歌曲《玉树后庭花》的简称。南朝陈皇帝陈叔宝(即陈后主)溺于声色,作此曲与后宫美女寻欢作乐,终致亡国,所以后世称此曲为"亡国之音"。

赤壁

【唐】杜牧

折戟沉沙铁未销,自将磨洗认前朝。

东风不与周郎便,铜雀春深锁二乔。

【诗歌背景】

《赤壁》也是一首咏史诗,据说是杜牧途径赤壁古战场,有感于三国时代的英雄成败而写下的。周瑜在赤壁战役中取得巨大胜利可以说是"天时地利人和",而杜牧却将胜利归之于偶然的东风。之所以这样写,是因为杜牧是个名副其实的军事"发烧友",在实际战争中提出过许多奇谋妙策,只可惜既有才华又通晓军事的他,始终未能得到朝廷重用。所以《赤壁》这首诗其实是诗人借史抒怀,为自己的军事才能无处施展而感到抑郁不平。

折戟:指折断的兵器。
认前朝:认出这兵器是当时赤壁大战之时留下的遗物。
周郎:指周瑜,后任吴军大都督,是赤壁之战中的主要人物。
铜雀:铜雀台,是曹操在今河北省临漳县建造的一座楼台,台上住姬妾歌伎,是曹操暮年行乐处。
二乔:东吴乔公的两个女儿,三国时期著名的美女。大乔嫁于前国主孙策,小乔是军事统帅周瑜的妻子。

边塞诗

边塞诗，是以边塞风光、军营生活以及战士思乡之情为主要题材的一类诗。早在先秦时期就已有边塞诗的身影，如《诗经·小雅·采薇》中，"昔我往矣，杨柳依依。今我来思，雨雪霏霏"，通过景色变换，抒发了戍役军士浓浓的思归之情。到汉代，有我们熟悉的《饮马长城窟行》，"青青河畔草，绵绵思远道"，表达了思妇对于远行丈夫的思念。而边塞诗的繁荣鼎盛，则是盛唐年代了。

唐朝国力空前强大，早期连年对外征战、开疆拓土，域外之人称李世民"天可汗"，一时风头无两。后来安史之乱爆发，国家陷入战乱。但不管是风光的"当年"还是落魄的"后来"，边塞战事从未止息。国力强的时候，开疆拓土要打仗，打出功业威名。国力不济的时候，戍守边疆也要打仗，这是保家卫国奋起反击。百姓不爱打仗，所以关心现实的杜甫写了"三吏""三别"，记述了被迫亲人离别、应征入伍的故事和惨状，但战争同样也激发了无数热血男儿的拳拳之心，于是边塞诗成了唐诗里一个特别的类目。

以边塞诗著称的诗人,大多有过戎马生涯。王昌龄二十多岁时投笔从戎,亲赴边塞;岑参入仕后两次出塞;高适更是在边塞度过了十多年的官宦生涯,曾在哥舒翰幕府任职,身在镇守边关的第一线。来到边塞的人多了,体验过边塞生活的人多了,书写传唱的人多了,边塞诗自然而然也就盛行起来了。

边塞诗的题材主要有三个方面:

一是描写战争场面和军营生活,表现报国豪情与爱国情怀。"白日登山望烽火,黄昏饮马傍交河[1]","中军置酒饮归客,胡琴琵琶与羌笛[2]",军营生活单调也忙碌,羌笛美酒可能算是最好的生活调剂了。"醉卧沙场君莫笑,古来征战几人回[3]","黄沙百战穿金甲,不破楼兰终不还[4]",艰苦的环境中,将士们抗战到底的豪情壮志令人感动。

二是描写边塞风光,大多是苍凉寥廓之景,表现边塞生活的艰苦与寂寞。"春风不度玉门关[5]","明月出天山,苍茫云海间[6]","瀚海阑干百丈冰,愁云惨淡万里凝[7]",和煦的春风吹不到,边塞云月也都显出寂寞的色彩,长期生活在这样的环境中,若非内心强大,真就度日如年了。

三是描写将士的思乡之情。"胡儿眼泪双双落[8]","总是关山旧别情[9]","故园东望路漫漫,双袖龙钟泪不干[10]",环境艰苦,对家乡对亲人的思念也就格外浓烈。

三类题材的边塞诗,各有佳作,除了上文提到的著名边塞诗人之外,王维虽不曾常驻边疆,却也有过出使边塞的经历,留下过诸多作品,李白和杜甫也未曾亲赴边塞,但杜甫的"三吏""三别"算是侧面写战争,李白则写过"长安一片月,万户捣衣声[11]"的句子,都和边塞诗有或多或少的关联。

1. 李颀《古从军行》
2. 岑参《白雪歌送武判官归京》
3. 王翰《凉州词》
4. 王昌龄《从军行》
5. 王之涣《凉州词》
6. 李白《关山月》
7. 岑参《白雪歌送武判官归京》
8. 李颀《古从军行》
9. 王昌龄《从军行》
10. 岑参《逢入京使》
11. 李白《子夜吴歌·秋歌》

出 塞

【唐】王昌龄

秦时明月汉时关，

万里长征人未还。

但使龙城飞将在，

不教胡马度阴山。

【诗歌背景】

　　这首《出塞》是边塞诗中的代表作，写于王昌龄（字少伯）二十七八岁的时候。全诗跨越时空，写到秦朝、汉朝的月亮、边关，告诉人们战争自古如是。残酷的战争，让多少人"马革裹尸"，多希望有英勇智慧的将领带领军队取得胜利，假如再也不用打仗了，该有多好啊！

但使：只要。
不教：不叫，不让。
胡马：指侵扰内地的外族骑兵。
度：越过。

从军行

【唐】王昌龄

青海长云暗雪山，

孤城遥望玉门关。

黄沙百战穿金甲，

不破楼兰终不还。

【诗歌背景】

　　在广远、阴惨的边塞，在离故乡非常遥远的地方，战士们身上的铁甲都被磨破了，但是再苦再累，不打赢战争不为国家建立功勋就永远都不回去！王昌龄的这首诗满是盛唐之气象，在离家的悲哀之中，更多的是奋发高昂的精神，令人振奋。

青海：即青海湖，在今青海省西宁市西。这一带是唐和吐蕃作战的主要战场。
雪山：指祁连山。祁连山终年积雪，故又称雪山。
玉门关：在今甘肃省敦煌西北，是古时通往西域的要道。
穿：磨穿。
楼兰：汉时西域国名。汉武帝时，楼兰与匈奴勾结，屡杀汉使。昭帝时大将军霍光派傅介子前往，设计斩楼兰王，楼兰自此改名鄯善。5世纪时，楼兰突然从大漠中消失，至唐湮灭已久，诗中指侵扰西北边境的敌人。

闻王昌龄左迁龙标遥有此寄

【唐】李白

杨花落尽子规啼，

闻道龙标过五溪。

我寄愁心与明月，

随风直到夜郎西。

【诗歌背景】

　　得知王昌龄被贬龙标的消息，身在夜郎的李白写了这首诗寄给好友聊表慰问。贬官自然不是什么好事，但在李白的这首诗当中，两位豪放豁达的诗人间说起贬官这件事，我们似乎感觉到一丝轻松调侃的意味。

龙标：在今湖南省洪江市。
子规：即杜鹃鸟。
五溪：今湖南西部五条溪流的总称。
与：给。
夜郎：在今贵州正安西北。当时李白正在夜郎。

"七绝圣手"意外离世

　　王昌龄一辈子官做得不大，诗名倒是很盛，在文坛也是一个人缘极好的人物。之前在讲到其他唐朝诗人的生平和诗作时，我们已经多次提到了王昌龄的名字。李白为他贬官写下了《闻王昌龄左迁龙标遥有此寄》，孟浩然在他来访时忘却了疾病和禁忌，开怀畅饮以致付出生命的代价……唯我独尊的李太白，清心寡欲的孟夫子，都是我们熟悉的超脱世俗羁绊的代表，能和他们成为知心的朋友，想必王昌龄也是极其随性放达的。

　　不止李白和孟浩然，王维、高适、岑参、王之涣等都是王昌龄的好朋友。朋友遍天下，这是王昌龄的送别诗闻名天下的现实基础吧！不止送别诗，这位"七绝圣手"所作的边塞诗、宫体诗也广为流传，在这些领域颇有建树。

　　天有不测风云，这样一位人缘极好的才子死得却很意外。王昌龄六十岁时，在辗转回老家途中经过亳州，被亳州刺史闾丘晓杀害。没错，不是被地痞流氓、闲杂人等杀害，而是被一个政府官员私下杀害。

　　元朝人辛文房的《唐才子传》中，有关于王昌龄之死的简短记载："以刀火之际归乡里，为刺史闾丘晓所忌而杀。"这个"忌"字说明了一些问题，但又没有完全说清楚。究竟是闾丘晓嫉妒王昌龄的诗才和名气将他杀害，还是王昌龄触犯了所谓的"禁忌"而惨遭毒手，我们无从知晓。但无论确切的原因是什么，我们心中的"七绝圣手"似乎都不该是这样的结局。人有旦夕祸福，当我们了解了那么多诗人的一生，对于生死我们是否可以看得淡一些了？就好像如今说起王昌龄，我们更多想到的是他传世的佳作，而不是他意外的离世。人生从来就没有什么剧本，我们永远不知道意外和明天哪个先来，过好每一个当下，足矣。

别董大

【唐】高适

千里黄云白日曛，

北风吹雁雪纷纷。

莫愁前路无知己，

天下谁人不识君。

【诗歌背景】

　　这是高适（字达夫，又字仲武）写给唐朝著名音乐家董庭兰的一首送别诗。747年，受吏部尚书房琯被贬的牵连，门客董庭兰也将离开长安。"莫愁前路无知己，天下谁人不识君。"高适的临别赠言慷慨激昂，气势磅礴，于慰藉中充满了自信和力量。

黄云：由于黄沙漫天，云也显出了黄色。
曛（xūn）：昏暗。

送李少府贬峡中王少府贬长沙

【唐】高适

嗟君此别意如何,驻马衔杯问谪居。

巫峡啼猿数行泪,衡阳归雁几封书。

青枫江上秋帆远,白帝城边古木疏。

圣代即今多雨露,暂时分手莫踌躇。

【诗歌背景】

　　一首诗同时送别两位朋友,这是古今少有的做法。"圣代即今多雨露,暂时分手莫踌躇。"高适的送别诗总是别样的大气,满满正能量。不过,高适自己官运亨通,劝慰被贬官的朋友:当今圣上英明,机会多多,莫要徘徊不前,听起来有些"站着说话不腰疼"。不知两位遭贬谪的朋友听了心里是什么滋味?

　　(这首并非边塞诗,因是高适作品,故一并辑于此处。)

少府:唐时县尉的别称。
峡中:此指夔州巫山。
衔杯:指饮酒。
谪居:贬谪的地方。
巫峡:长江三峡之一,此指李少府贬官之地。
青枫江:指长沙南的青枫浦。
白帝城:在今重庆奉节。
圣代:圣明时代。
雨露:喻皇帝的恩泽。
踌躇(chóu chú):徘徊不进。

逢入京使

【唐】岑参

故园东望路漫漫，

双袖龙钟泪不干。

马上相逢无纸笔，

凭君传语报平安。

【诗歌背景】

　　这首诗写于岑参第一次出塞期间。西行途中，遇到从边塞归来去往长安的使者，不禁勾起诗人浓烈的思乡之情。想起自己在长安的家，可自己离家万里又得不到家人的消息，岑参忍不住落下热泪。没有纸笔，就请使者替我传个口信给家人吧！这种深切的思念，在通信发达的今天，我们已经很难体会了。

故园：指长安。
龙钟：涕泪淋漓的样子。这里是沾湿的意思。
凭：托。
传语：捎口信。

白雪歌送武判官归京

【唐】岑参

北风卷地白草折,胡天八月即飞雪。

忽如一夜春风来,千树万树梨花开。

散入珠帘湿罗幕,狐裘不暖锦衾薄。

将军角弓不得控,都护铁衣冷难着。

瀚海阑干百丈冰,愁云惨淡万里凝。

中军置酒饮归客,胡琴琵琶与羌笛。

纷纷暮雪下辕门,风掣红旗冻不翻。

轮台东门送君去,去时雪满天山路。

山回路转不见君,雪上空留马行处。

【诗歌背景】

754 年，岑参第二次出塞，接替武判官的职位。诗人以一天中雪景的变化为线索，记叙送武判官归京的过程，文思开阔，结构缜密。诗中还呈现了边塞生活的方方面面：壮丽的边塞风光，艰苦的军营环境，将士的衣装打扮及军营生活，面面俱到、精彩纷呈，堪称边塞诗中的巅峰之作。

判官：官职名，为地方长官的僚属，辅理政事。
白草：西北的一种牧草，晒干后变白。
胡天：指塞北的天空。胡，古代汉民族对北方各民族的通称。
梨花：春天开放，花色洁白。这里比喻雪花积在树上，像梨花开了一样。
罗幕：用丝织品做成的帐幕。
锦衾：锦缎做的被子。
角弓：两端用兽角装饰的硬弓。
控：拉开。
都护：镇守边镇的长官，此为泛指。
铁衣：铠甲。
瀚海：沙漠。
阑干：纵横交错的样子。
中军：古时行军作战分为中、左、右三军，主帅所在的为中军。
饮归客：宴饮归京的人，指武判官。
辕门：军营的门。古代军队扎营，用车环围，出入处以两车车辕相向竖立，像门的形状。
掣（chè）：拉，扯。
轮台：地名，唐代轮台在今新疆维吾尔自治区米泉县境内，与汉朝的轮台不是一个地方。
天山：也叫祁连山，横亘新疆东西，长六千余里。

凉州词

【唐】王翰

葡萄美酒夜光杯，

欲饮琵琶马上催。

醉卧沙场君莫笑，

古来征战几人回？

【诗歌背景】

　　王翰（字子羽）的这首诗前两句描绘了军中生活，可能是正在庆贺胜利，将士们正用华美的杯子喝着醉人的美酒，号角声一响，却要马上进入备战状态。后两句豪情满满，是诗人报效祖国，视死如归的坚定信念。读过后两句，体会到了"视死如归"，再回头读前两句，狂欢的情景似乎不只是庆祝，更有一种刻意的放纵，毕竟，这可是把脑袋系在裤腰带上的生活啊。

凉州词：唐乐府名，是《凉州曲》的唱词，盛唐时流行的一种曲调名。
夜光杯：汉东方朔《海内十洲记》："周穆王时，西胡献昆吾割玉刀及夜光常满杯……杯是白玉之精，光明夜照。"这里指精致的酒杯。
欲：将要。
沙场：平坦空旷的沙地，古时多指战场。
征战：打仗。

塞下曲六首（其二）

【唐】卢纶

林暗草惊风，

将军夜引弓。

平明寻白羽，

没在石棱中。

【诗歌背景】

　　卢纶，字允言，唐代大历十才子之一。卢纶的《塞下曲》一组共六首，全名是"和张仆射塞下曲六首"，因为是"唱和"他人之作，故多溢美之词。这首诗描绘的是将军夜巡打猎的场景，短短四句，选择了一个很有戏剧性的场景，生动地从侧面刻画出将军处变不惊，英勇威猛的高大形象。

塞下曲：古代歌曲名。这类作品多描写边塞风光和战争生活。
惊风：突然被风吹动。
引弓：拉弓，暗指下一步射箭。
平明：天刚亮。
白羽：箭杆后部的白色羽毛，这里指箭。
没：陷入。
石棱：石头的边角。

碛中作

【唐】岑参

走马西来欲到天，

辞家见月两回圆。

今夜未知何处宿，

平沙莽莽绝人烟。

【诗歌背景】

这首诗写于岑参第一次出塞期间。离家向西进发已经两个月了，看着月亮圆了又缺，缺了又圆，映照着一片苍茫荒芜的沙石地，想念家人的同时，看看自己所处的糟糕环境，不免心有戚戚。

碛（qì）：沙石地，这里指银山碛，在今新疆库木什附近。
西来：指离开长安赶赴安西。
莽莽：无边无际。

凉州词

【唐】王之涣

黄河远上白云间，

一片孤城万仞山。

羌笛何须怨杨柳，

春风不度玉门关。

【诗歌背景】

　　王之涣（字季凌）站在远眺黄河的角度，描绘了边塞壮阔荒凉的景象。一片荒凉之中，听到羌笛奏出悲凉的《折杨柳》，戍边将士思乡却不得归的哀怨心情在曲声中表露无遗。但"何须"二字却透出了诗人的态度：哀怨却不消沉。哪怕这里是春风都吹不到的地方，却照样是我大唐的壮丽河山。豁达广阔的胸怀跃然纸上。

远上：远远向西望去。
仞：古代的长度单位，一仞相当于1.848米。
何须：何必。
杨柳：《折杨柳》曲。古诗文中常以杨柳喻送别。
度：吹到。
玉门关：汉武帝时设立的通往西域的门户，因西域输入玉石时取道于此而得名。故址在今甘肃敦煌西北。

旗亭画壁

唐开元年间，诗人王昌龄、高适、王之涣在东都洛阳游历，当时他们都没有做官，经常一起郊游。

有一次，天降小雪，他们三人相约来到一个酒楼喝酒聊天。正遇十几个梨园伶官在那里登楼宴饮，三位诗人就在旁边喝着酒看表演。不一会儿又有四名美丽动人的歌女登上楼来，音乐随即响起，奏的都是当时盛行的曲子。三位诗人被现场气氛感染，也起了玩心，三人私下约定，看看一会儿这些歌女们演唱的歌曲中，谁的诗歌被编成歌词最多，谁就最优秀。王昌龄、高适、王之涣都是当时颇有名气的诗人，平时难分伯仲，这倒是个不错的机会。

先听第一位歌女唱道："寒雨连江夜入吴，平明送客楚山孤。洛阳亲友如相问，一片冰心在玉壶。"《芙蓉楼送辛渐》，王昌龄得一分，于是他在墙壁上标上一个记事号。

随后第二位歌女唱道："开箧泪沾臆，见君前日书。夜台今寂寞，犹是子云居。"取自高适的《哭单父梁九少府》，高适也在墙上标上一记号。

又一位歌女唱道，"奉帚平明金殿开，且将团扇共徘徊。玉颜不及寒鸦色，犹带昭阳日影来。"又是王昌龄的绝句，王昌龄以两分领先。

就剩王之涣还没得分了，他自以为出名已久，可是居然没有歌女演唱他的诗作，面子上有点挂不住，就对王、高二人说："刚才几个唱曲的，都是不出名的丫头片子，所唱的不过是'下里巴人'

之类不入流的歌曲，那'阳春白雪'之类的高雅歌曲，哪是她们唱得了的呢！"接着他指了指几个歌女中最漂亮的那个说，"等她唱的时候，如果不是我的诗，我这辈子都不和你们争高下了，如果是我的诗，你们就拜我为师吧。"三位诗人说着笑着就等那位歌女上场了。

最后一位歌女上场了，她唱的是什么词呢？

"黄河远上白云间，一片孤城万仞山。羌笛何须怨杨柳，春风不度玉门关。"没错，正是王之涣的《凉州词》！这下王之涣别提有多得意了，还揶揄王昌龄和高适，"怎么样，田舍奴，我说的没错吧！"三个人笑成一团。

歌手们听到笑声，不知道发生了什么事，纷纷围过来一探究竟，三个人就把事情的原委告诉了她们。歌手们一听是三位大名鼎鼎的诗人，就请他们一同入席，欢宴整日。

这个故事记录在唐朝人薛用弱的《集异记》中，因当时也管酒楼叫旗亭，故称"旗亭画壁"。

夜上受降城闻笛

【唐】李益

回乐烽前沙似雪，

受降城外月如霜。

不知何处吹芦管，

一夜征人尽望乡。

【诗歌背景】

李益（字君虞）曾多次出塞从军，对边塞生活有切身的体会。这首诗前两句写边塞环境，月冷沙寒，一片凄凉，暗含的思乡之情被远处的芦管声唤醒，第四句直抒胸臆。

回乐烽：唐代有回乐县，属灵州，为朔方节度治所，在今宁夏灵武市西南。回乐烽指回乐县附近的烽火台。一作"回乐峰"。
受降城：唐太宗曾在灵州接受突厥一部的投降，故灵州有"受降城"之称。另有唐初名将张仁愿为防御突厥，在黄河以北所筑的东、中、西三座受降城。
芦管：笛子。
征人：戍边的将士。
尽：全。

古从军行

【唐】李颀

白日登山望烽火,黄昏饮马傍交河。

行人刁斗风沙暗,公主琵琶幽怨多。

野云万里无城郭,雨雪纷纷连大漠。

胡雁哀鸣夜夜飞,胡儿眼泪双双落。

闻道玉门犹被遮,应将性命逐轻车。

年年战骨埋荒外,空见蒲桃入汉家。

【诗歌背景】

　　李颀的这首诗描写了紧张的从军生活,渲染了凄冷哀怨的氛围。"闻道玉门犹被遮""空见蒲桃入汉家",看似以略带嘲讽的语气写的都是汉武帝时期的事,实际上这是"春秋笔法",暗讽的是唐玄宗穷兵黩武的开边政策。

烽火：古代边防军事通讯的重要手段，烽火燃起表示战事已起。
饮马：给马喂水。
傍：靠近。
交河：古县名，故称在今新疆吐鲁番西面。
行人：出征战士。
刁斗：古代军中铜制炊具，容量一斗。白天用以煮饭，晚上敲击代替更柝。
公主琵琶：汉武帝时以江都王刘建女细君嫁乌孙国王昆莫，恐其途中烦闷，故弹琵琶以娱之。
"闻道"两句：汉武帝曾命李广利攻大宛，欲至贰师城取良马，战不利，广利上书请罢兵回国，武帝大怒，发使至玉门关，曰："军有敢入，斩之！"这两句意为边战还在进行，只得随着将军去拼命。
蒲桃：葡萄。

子夜吴歌·秋歌

【唐】李白

长安一片月，万户捣衣声。

秋风吹不尽，总是玉关情。

何日平胡虏，良人罢远征。

【诗歌背景】

　　这首诗表达了思妇对征夫浓浓的思念之情。月色笼罩下的长安城，传来千家万户阵阵捣衣声，这捣衣声传递的恰是浓得连秋风都吹不散的思念，思念那远在边关的丈夫。"何日平胡虏，良人罢远征。"这才是思妇的期待，也正是征夫的心声。

捣衣：一指把衣料放在石砧（zhēn）板上用棒槌捶击，使衣料柔软以便裁缝；一指洗衣服。
玉关：玉门关，故址在今甘肃省敦煌市西北，此处指代"良人"戍边之地。
平胡虏：平定侵扰边境的敌人。
良人：古时妇女对丈夫的称呼。
罢：结束。

关山月

【唐】李白

明月出天山，苍茫云海间。

长风几万里，吹度玉门关。

汉下白登道，胡窥青海湾。

由来征战地，不见有人还。

戍客望边邑，思归多苦颜。

高楼当此夜，叹息未应闲。

【诗歌背景】

这首诗中诗人通过想象从边塞苍茫辽阔的景致，写到无情的沙场，最后描绘了戍边将士与家中妻子相互思念的场景，如同一幅渐次展开的长卷，深刻反映了战争带给广大民众的痛苦。李白写战争和边塞，擅于从这样的角度着墨。（可与李白的《子夜吴歌·秋歌》参看。）

天山：即祁连山。在今甘肃、新疆之间，连绵数千里。
玉门关：故址在今甘肃敦煌西北，古代通向西域的交通要道。
下：出兵。
胡：此指吐蕃。
窥：伺机图谋。
戍客：驻守边疆的战士。
高楼：古诗中多以高楼指闺阁，这里指戍边士兵的妻子。

图书在版编目（CIP）数据

读懂诗人才懂诗 / 浦宇平著 . -- 济南：山东科学技术出版社，2019.3（2023.7 重印）
ISBN 978-7-5331-9795-7

Ⅰ．①读… Ⅱ．①浦… Ⅲ．①诗人 - 生平事迹 - 中国 - 唐代 Ⅳ．① K825.6

中国版本图书馆 CIP 数据核字 (2019) 第 041307 号

读懂诗人才懂诗
DUDONG SHIREN CAI DONGSHI

作　　者：浦宇平
统筹策划：李海英
责任编辑：李海英　韩晓萌
装帧设计：侯　宇

主管单位：山东出版传媒股份有限公司
出　版　者：山东科学技术出版社
　　　　　　地址：济南市市中区舜耕路 517 号
　　　　　　邮编：250003　电话：（0531）82098088
　　　　　　网址：www.lkj.com.cn
　　　　　　电子邮件：sdkj@sdebcm.com
发　行　者：山东科学技术出版社
　　　　　　地址：济南市市中区舜耕路 517 号
　　　　　　邮编：250003　电话：（0531）82098067
印　刷　者：济南新先锋彩印有限公司
　　　　　　地址：济南市工业北路 188-6 号
　　　　　　邮编 250101　电话（0531）88615699

规格：16 开（170 mm×240 mm）
印张：13　字数：150 千
版次：2019 年 3 月第 1 版　印次：2023 年 7 月第 9 次印刷
定价：39.80 元